Angst – Anfall – Aggression

H.-P. Wunderlich
(Hrsg.)

Angst – Anfall Aggression

51 Abbildungen
und 17 Tabellen

W. Zuckschwerdt Verlag München · Bern · Wien · New York

Anschrift des Herausgebers:

Priv.-Doz. Dr. med. Hans-Peter Wunderlich
Lippische Nervenklinik
Waldstraße 2
D–32105 Bad Salzuflen

Auslieferungen W. Zuckschwerdt Verlag GmbH

Deutschland:	Schweiz:	Österreich:	USA:
Brockhaus Kommission	Hans Huber Verlag	Maudrich Verlag	Scholium International Inc
Verlagsauslieferung	Langgassstraße 76	Spitalgasse 21 a	14 Vanderventer Ave
Kreidlerstraße 9	CH–3000 Bern 9	A–1097 Wien	Port Washington
D–70806 Kornwestheim			11050 New York

Die Deutsche Bibliothek – CIP Einheitsaufnahme

Angst – Anfall – Aggression : Symposium, Wiesbaden, Oktober 1992 ; 17 Tabellen /
H.-P. Wunderlich (Hrsg.) – München ; Bern ; Wien ; New York : Zuckschwerdt, 1993
ISBN 3–88603–479–8
NE: Wunderlich, Hans-Peter [Hrsg.]

© 1993 by W. Zuckschwerdt Verlag GmbH, Kronwinkler Straße 24, D–81245 München.
Printed in Germany by Presse-Druck Augsburg

ISBN 3–88603–479–8

Inhalt

Vorwort

Das 2. Deutsch-Schweizerische Psychiatrie-Seminar fand vom 30. bis 31. Oktober 1992 in Wiesbaden statt und beschäftigte sich aus interdisziplinärer Sicht mit den klinischen Zustandsbildern Angst, Anfall und Aggression, die in der nervenärztlichen Praxis häufig vorkommen und eine zentrale Stellung bei verschiedenen psychiatrischen und neurologischen Krankheitsbildern einnehmen. In den Beiträgen des Seminars wurde dargestellt, wie diese Zustände miteinander verknüpft sind und wie sie beeinflußbar sein können. Dabei wurde insbesondere auf die in vielfältiger Hinsicht interessante Substanz Carbamazepin eingegangen, von der wir wissen, daß sie außerordentlich wirksam und hilfreich sein kann bei epileptischen Anfällen, Schmerzzuständen, wie zum Beispiel der Trigeminusneuralgie, bestimmter Angstsymptomatik, verschiedenen aggressiven und autoaggressiven Verhaltensweisen sowie bei manischer und depressiver Erregung. Zum Wirkungsmechanismus von Carbamazepin wurde ausgeführt, daß diese Substanz ihre Wirkung sowohl auf die Membranen einzelner Neurone als auch auf die synaptische Erregungsübertragung entfaltet. Das betrifft u.a. die GABA-erge und die Glutamat-erge Neurotransmission. Es gibt auch Hinweise darauf, daß Carbamazepin die Serotoninsynthese über eine Tryptophanfreisetzung beeinflußt. Zur klinischen Relevanz des zentralen Serotoninsystems wurde auf dem Seminar ausführlich Stellung genommen. Der Wirkort von Carbamazepin liegt nach unseren Erkenntnissen wahrscheinlich im limbischen System und umfaßt die Strukturen, die mit den angesprochenen klinischen Phänomen Angst, Anfall und Aggression anatomisch in Verbindung gebracht werden.

Bei einer komplexen Betrachtungsweise dieser Feststellungen wird das außergewöhnliche Wirkungsspektrum von Carbamazepin verständlich. Darüber hinaus werden mit dieser Thematik Fragen aufgeworfen, die möglicherweise zu neuen psychiatrischen Denkansätzen führen können.

H.-P. Wunderlich
Bad Salzuflen, im Juni 1993

Angst – Anfall – Aggression

von
Roland Kuhn

Einleitung zum Thema

Ein Einführungsreferat zu halten zum Thema: »Angst – Anfall – Aggression«
ist faszinierend und gewagt.

Was ist an diesem Thema *faszinierend?* – Liegt es an einem der
Phänomene, die in den drei Worten genannt sind oder an dem Laut »A«,
mit welchem sie alle beginnen, der gleichsam einen Auftakt für eine thea-
terähnliche Vorstellung andeutet? Vielleicht fasziniert die Dreigliederung,
die eine oft begegnende rhetorische Gestalt darstellt, in welcher auch die
syllogistische Schlußfigur von These, Antithese und Synthese anklingt. Es
könnte auch an den inneren Beziehungen der drei Begriffe liegen, die
Aussicht auf interessante Resultate versprechen. Die Fragen können vor-
erst nicht beantwortet werden.

Inwiefern ist es ein *gewagtes* Thema? Jeder der drei Begriffe wird in einer
Unmenge mehr oder weniger wissenschaftlicher Literatur behandelt. Wie
man etwa anhand des von *Christian Müller* herausgegebenen »Lexikons der
Psychiatrie« (2. Aufl., 1986) feststellen kann, gibt es sehr verschiedenarti-
ge Meinungen und zahlreiche Theorien über Entstehung und Bedeutung
der in den drei Begriffen genannten Phänomene. All das in einem
Einführungsreferat darzustellen, ist von vornherein aussichtslos. Zudem
geraten wir angesichts der vorliegenden Literatur noch in eine zusätzliche
Verlegenheit. Die übliche Betrachtungsweise der Phänomene setzt nämlich,
so will uns scheinen, als bekannt voraus, was eigentlich zu klären wäre. Im
Lexikon stehen Variationen zu diesem vorgegebenen Verständnis, die
jedoch genauer betrachtet kaum fruchtbare Einsichten liefern. Nun geden-
ken wir aber, anderes zu sagen, und müssen deshalb fürchten, kaum verstanden zu werden. Dies um so mehr, als sich dabei rasch große
Schwierigkeiten zeigen. Die Phänomene Angst, Anfall und Aggression stehen faktisch in einer engen Beziehung zueinander, das eine tritt mit dem
andern zusammen auf oder löst das andere aus. Wir müssen uns auf
Fragen der Methode und einige Ergebnisse einer vorwiegend phänomeno-
logischen Untersuchung beschränken. Auf jeden Fall geraten wir in eine
ungemütliche Lage.
Was ist da zu tun? Es drängt sich wohl auf, gleichsam auf gut Glück mit
dem ersten Begriff zu beginnen.

1

Die Unterscheidung von Angst und Furcht

Was ist Angst? *Karl Jaspers* hat gefordert, Angst und Furcht voneinander zu unterscheiden. Die Psychopathologie ist ihm darin nicht gefolgt und hält sich mehr an die Umgangssprache, welche die Begriffe miteinander vermengt. Wir jedoch müssen hier der Forderung von *Jaspers* entsprechen. Es gibt, wie wir meinen, relativ wenig authentische Literatur, auf die wir uns stützen könnten. Als Beispiel nennen wir einen vor bald 30 Jahren hier in Wiesbaden gehaltenen Vortrag von *Gustav Bally*, einem schweizerischen Professor der Psychiatrie, der auch Psychoanalytiker war. Er versuchte, *Freuds* Auffassung über die Angst mit einem älteren klassischen Werk von *Kierkegaard* »Der Begriff Angst« und den darauf zurückgreifenden philosophischen Analysen von *Martin Heidegger* in »Sein und Zeit« in Beziehung zu bringen. Furcht ist sicher bei Gesunden und Kranken ein sehr häufiges Phänomen, wahrscheinlich ist auch Angst öfter anzutreffen, als es zunächst den Anschein haben mag.

Das Fürchten erscheint in verschiedenen Formen. Sie sind gekennzeichnet durch ihre Bezogenheit auf die Begegnung mit Innerweltlich-Seiendem. Dieses steht als Bedrohendes bevor. In der Furcht ist das Bedrohende bekannt und nähert sich in einem noch erkennbaren Abstand. Falls es plötzlich unmittelbar gegenwärtig ist, nennt man es Schreck. Wenn das Drohende als solches geahnt, aber nicht als etwas Vertrautes bekannt ist, sprechen wir analog der Furcht, die sich langsam nähert, von Grauen und analog dem plötzlich erscheinenden Schreck von Entsetzen.

In der Psychopathologie finden sich die verschiedenen Formen des Fürchtens als »Phobien«, etwa vor Spinnen, Mäusen, Schlangen und vielem anderem. In der Agoraphobie fürchtet sich der Mensch vor der Leere der Straße und großer Plätze, in der Klaustrophobie vor geschlossenen Räumen oder großen Menschenansammlungen. Das Bedrohliche wird stets als irgendwie von vorne kommend erfahren, der Betroffene geht darauf zu, es kommt ihm entgegen, oder er weicht ihm aus.

Die Angst ist zwar etwas ganz anderes, liegt aber wahrscheinlich dem Fürchten zugrunde. Der Mensch wird von der Angst von nirgends her, am ehesten noch von hinten überfallen, er weiß nicht, woher das Bedrohliche kommt und worin es besteht. In der Angst wird dem Menschen unheimlich zumute. Er sieht sich plötzlich einem Verlust der Vertrautheit mit Menschen und Dingen gegenübergestellt, er wird allein gelassen, Sinn und Bedeutung von allem, was ihm in der Welt begegnet, sind ihm abhanden gekommen, er wird vereinzelt. Eine Andeutung von Angst ist es, wenn eine Patientin lange und umständlich ihre Mühen und Sorgen mit einer durch Eifersuchtswahn entstellten Situation schildert und mit den Worten endet: »Und dann plötzlich frage ich mich, wozu all das?« Die »Panikattacken« der neueren Psychopathologie dürften in vielen Fällen Angsterfahrungen nahe stehen.

Angst ist die Erfahrung der Hinfälligkeit und Endlichkeit des eigenen Seins und des Seins von allem, was ist. Es ist ein Sturz ins Leere, in die Nacht.

Deshalb nennt die deutsche Sprache die Geisteskrankheit und die schwere Depression »Umnachtung«. Die Angst ist die Begegnung mit dem Nichts und damit mit dem Tod. Das Verlieren der Fähigkeit, dem Leben Sinn zu geben, empfinden viele Menschen als Schwindel, der ihnen den festen Grund, auf welchem unser Dasein aufgebaut ist, entzieht. Schwindelanfälle organischer Genese gehen mit einem Verlust jeden Interesses an allem einher, was sehr wohl als Angst zu bezeichnen ist.

Angst tritt bei gesunden Menschen spontan, episodisch auf und verschwindet von selbst wieder. Sie steht mit dem Begriff des Anfallsgeschehens in nächster innerer Beziehung. Wenn der Angstanfall vorbei ist, sagt der Betroffene: »Es war alles nichts«, und er hat damit recht. Es war wirklich die Begegnung mit dem Nichts.

Die Angst ist ein eigentümlich zweideutiges Phänomen. Der Mensch sucht ihr zu entfliehen, sie zu vertreiben, er will unbedingt den Zusammenhang mit der sinnvollen, bedeutsamen, vertrauten Welt wieder herstellen, um sich wieder geborgen, gehalten, gestützt und sicher zu fühlen. Daraus entstehen zahlreiche normal psychologische, psychopathologische und leiblich pathologische Phänomene, auch die Phänomene des Fürchtens.

Zugleich aber liegt in der Angst auch etwas Verführerisches. Man weist oft daraufhin, wie Kinder Angst suchen und genießen. Aber auch Erwachsene unternehmen unnötigerweise vieles, was sie in Gefahr und damit in Angst und Bangen stürzt.

Kirkegaard hat diesen Wesenszug erkannt und als »sympathetisch-antipathisch« und »antipathisch-sympathetisch« bezeichnet. Zu recht sieht *Henri Maldiney* darin eine Vorwegnahme dessen, was später *Eugen Bleuler* Ambivalenz genannt hat, ein Begriff, welcher von *Freud* übernommen wurde und der heute in der Psychologie und Psychopathologie allgemein bekannt und verbreitet ist. Man versteht darunter bei Gesunden und Kranken eine Situation, die gleichzeitig positiv und negativ empfunden wird. *Kirkegaard* und *Heidegger* entdecken in der Angst die Erfahrung, welche dem Menschen gestattet, aus einer ursprünglichen Einheit mit der Welt und anderen Menschen herauszutreten und sich von anderen in seiner eigenen Art zu unterscheiden. Das kann bereits aus der Vereinzelung, welche die Angst bewirkt, verstanden werden. Zur Entwicklung eines Selbstbewußtseins braucht es aber noch mehr.

Entstehung des Selbstbewußtseins aus der Ich-Aktivität

Die Entstehung des Selbstbewußtseins gründet in einem Entwicklungsprozeß, der – wohl von der Angst ausgelöst – sich jedoch nach und nach im Laufe der Zeit vollzieht, keineswegs von selbst geschieht und verwickelt ist. Hier greift nämlich das Handeln des Ichs ein, das in zentrifugaler Weise von sich selbst ausgehend nach außen strebt. Dort stößt die Aktivität des Ichs an. Dieser Anstoß bewirkt ein Zurückgeworfenwerden der eigenen Aktivität aus der Welt auf sich selbst, d.h. der zentrifugalen folgt eine zentripetale Bewegung. Diese Aktivität wird auch als Reflexion bezeichnet.

Wir müssen nun beachten, was dort, wo das Ich mit seiner Zentrifugalität anstößt, geschieht. Falls dort auch ein anderer aktiver Mensch ist, verhält sich dieser nicht bloß als Spiegel, sondern er kann ebenfalls aktiv werden. Dabei behält er etwas von der auf ihn zukommenden zentrifugalen Aktivität des anderen für sich zurück und gibt dem anderen etwas von sich selbst auf dessen zentripetale Bewegung mit.

Die am Anstoß reflektierte Aktivität ist somit bei der Rückkehr zum Ich nicht mehr dieselbe, welche in die zentrifugale Aktion ausgesendet worden ist. Sie ist gleichsam bereichert durch etwas, was man als Bild des angestoßenen Widerstandes bezeichnen könnte, das in der Erinnerung des Ichs bleibt und im Falle einer Rückkehr in dieselbe Richtung zu einem Wiedererkennen führt. Darin tritt nicht nur das frühere Objekt auf, sondern mit dem »Wieder« kommt eine eigenartige »Vertrautheit« hinzu, die man auch als »Mir-Zugehörigkeit« bezeichnet. Das merkt das Ich nicht nur an den Dingen und am anderen Menschen, sondern auch an sich selbst. Es ist ein »Empfinden der Vertrautheit«, das in der Angst verloren geht, oder es stellt sich schon gar nicht ein, was psychopathologisch als Depersonalisation und Derealisation bezeichnet wird.

In anderen Worten kann man sagen: Die beiden Partner können sich in leiblicher Nähe oder bloß seelisch »berühren«, sie werden »affiziert«, es kommt zu einer »affektiven Beziehung«, die sich in einer wieder nach außen tretenden »emotionalen« Bewegung »ausdrückt«. Es bildet sich ein positiv oder negativ gestimmtes »Interesse« eines Partners am andern aus, es kommt zu einer Begegnung. Die affektive Beteiligung an der Begegnung kann, wenn diese sich vorwiegend als intellektuelles Interesse zeigt, gering sein, oder sie kann unter Umständen überhaupt ausbleiben. Die Sprache bedient sich, um Nähe oder Ferne der Begegnung zwischen Menschen auszudrücken, aus naheliegenden Gründen des Begriffs der Temperaturausstrahlung und bezeichnet sie als warm oder kalt, unter Umständen mit näherer Differenzierung, welche eine bestimmte Sprache erlaubt. Im Extrem entstehen so »Leidenschaften« wie »Liebe und Haß«, welche das Leben in seine Höhen und Tiefen führen, die zu Inhalten der großen Literatur und Kunst werden.

Noch einmal in anderen Worten: Es kann zu einer Übereinstimmung der Bewegungen beider Partner kommen, in welchen sich gemeinsame Spielräume erschließen, oder aber es entsteht ein Konflikt, indem sich die Partner in ihren je eigenen Spielräumen stören, sich aneinander reiben und stoßen, sich ihre Handlungsräume streitig machen. Sie geraten so in die Situation des Kampfes, und damit stehen wir beim Phänomen der Aggressivität im allgemeinsten Sinn dieses Wortes.

Nach und nach merkt so das Ich, worauf und wie es anspricht, und lernt aus dem Bild, in welchem ihm die Welt vertraut wird, sich selber kennen. Es entsteht sein Selbstbewußtsein. Das gilt in bevorzugtem Maße, wenn, wie hier gezeigt, das Angestoßene ein anderer Mensch ist, der seine eigene zentrifugale Aktivität in den Handlungsspielraum des ihm ursprünglich fremden Ichs bringt. Die beiden Partner lernen sich im eigentlichen Sinn »durch den anderen« kennen.

Dieses Kennenlernen wird durch bereits vorliegendes Bildungsgut, vor allem durch die Sprache mit ihren Formgestalten und Bedeutungsgehalten, vermittelt.

Wir müssen nun noch genauer betrachten, was denn bei diesem Anstoß eigentlich geschieht. *Aristoteles* hat einmal in seine Vorlesung einen Zweig von einem Baum mitgebracht und diesen dann zerbrochen. Er hat so gezeigt, wie sich durch sein Handeln eine innere, von außen nicht sichtbare Eigenschaft des Zweiges offenbart, nämlich seine Brüchigkeit. Dasselbe mit einem Stück Eisendraht gemacht, offenbart dagegen dessen Biegsamkeit. Wir müssen nicht nur in zentrifugaler Aktivität von uns in die Welt hinausgehen, sondern handelnd in sie eingreifen, um sie kennenzulernen und damit, indem wir feststellen, wie und was wir in ihr handelnd bewirken, uns auch selbst kennenlernen.

Mit dem Prüfen auf Zerbrechlichkeit kann sehr wohl eine Zerstörung des Objektes durch unsere Handlungen einhergehen. Dies geschieht z.B., wenn wir eine Porzellantasse auf den Boden werfen. Es ist dies ein aggressives Verhalten. Wir wollen das an einem Beispiel etwas näher erläutern. Ein siebenjähriger Knabe war Zeuge, wie sein Vater sich mit einem Revolver erschoß. Während mehrerer Tage zerbrach er Geschirr, indem er es, von außen gesehen absichtlich, auf den Boden warf. Von der Mutter befragt, warum er das tue, erklärt er, das wisse er nicht. Er müsse einfach so handeln. Wahrscheinlich geschah es deswegen, weil so ein Knall entstand, den er jedoch selbst herbeiführte. Im eigenen Vollzug einer dem schrecklichen Geschehen analogen Handlung gelang es ihm, das furchtbare Ereignis sich selbst anzueignen und sich so damit auseinanderzusetzen. Er konnte es dergestalt objektivieren und damit von sich loslösen, sich davon befreien.

Das Beispiel gibt Hinweise darauf, wie schwierig es ist zu entscheiden, ob aggressives Verhalten absichtlich geschieht oder in einer Art, die man fast versucht ist, reflektorisch zu nennen. Sicher kann ähnliches vielen aggressiven Haltungen zugrundeliegen und dabei mannigfaltige Gestalt annehmen. Es kann sich, wie bei jenem Knaben, in zerstörerischen Handlungen kundgeben, aber es kann sich auch bloß im sprachlichen manifestieren und vielleicht, öfter als wir glauben, auch in Träumen gleichsam erschöpfen. Es kann wohl auch aus bloßer Neugierde geschehen oder in eine weitere Dimension eintreten als bei jenem Knaben, nämlich eine mitmenschliche Bedeutung erlangen, auf einen Effekt bei anderen hinzielen. Daraus entsteht dann eine ansteckende Potenz mit der Neigung zur Gruppen- oder – bei kriminellen Tendenzen – zur Bandenbildung. Im letzteren Fall kommt es leicht zu einer Abstumpfung affektiver Reaktionen im Hinblick auf Leid, das aggressives Verhalten anderen zufügt.

Wir haben Aggression aus störendem, vielleicht sogar feindlichem Verhalten eines anderen Menschen abgeleitet. Dieses Verhalten des anderen Menschen führt zunächst zu einer Hemmung eigener Bewegungsimpulse.

Wie das im einzelnen geschieht, wird noch zu zeigen sein. Vorläufig ist wichtig, sich über andere Wege Rechenschaft zu geben, auf denen solche Hemmungen auch entstehen können. Dazu gehört vor allem ein Phänomen, das wir als Langeweile bezeichnen, wenn wir nicht wissen, was wir machen sollen. Es liegt ihm eine Hemmung der Aktivität zugrunde, zum Beispiel, weil die Gelegenheit zu handeln fehlt. Gegenwärtig entsteht eine solche Situation aus der Arbeitslosigkeit. Sie kann jedoch auch ihren Grund in mangelnden Interessen haben. Letzteres wiederum beruht oft auf mangelnder Bildung. Bildung ist es vor allem, welche Möglichkeiten der Betätigung eröffnet. Die Hemmung entsteht aber ebenfalls als Folge depressiver Verstimmung, sei es durch äußere Ereignisse ausgelöst oder ohne äußeren Grund, wie im Rahmen einer depressiven oder zyklothymen Erkrankung.

Auch organische Hirnschädigungen, seien sie toxischer Art, z.B. durch Alkohol oder Drogen, seien sie traumatischer, infektiöser oder sonstiger Genese, behindern die Entfaltung des Handelns und der psychischen Leistungsfähigkeit. Dadurch geraten die Betroffenen – leichter als Gesunde – vor schwierigen Aufgaben in die Unfähigkeit, sinnvoll und geordnet zu handeln. Die Vertrautheit mit der Welt geht verloren, sie geraten in Angst und ihr Handeln wird ungeordnet. Es kommt zu heftigen unkoordinierten Bewegungen, sie schlagen wild um sich, schreien, und es stellen sich abnorme vegetative Phänomene ein, Erröten, Zittern, Schweißausbruch, Speichelfluß und Hyperventilation mit Pulsbeschleunigung. *Kurt Goldstein* hat dieses Phänomen erstmals bei von ihm betreuten Hirnverletzten des Ersten Weltkrieges beschrieben und als Katastrophenreaktion bezeichnet, die je nach der Schwere der Störung verschieden stark ausgebildet ist und vielen Aggressionshandlungen zugrunde liegt.

Angst und Tod

Wir haben bereits eine Beziehung zwischen Angst und Tod angedeutet, als wir davon sprachen, wie Angst in Leere und Nacht stürzt und eine Begegnung mit dem Nichts herbeiführt. Das Wort Tod und das Phänomen der Angst verbinden sich auch sprachlich leicht zu »Todesangst«. Ein von einer schweren Krankheit befallener Mensch, der ahnt, in die Nähe des Endes seines Lebens zu kommen, sagt: »Ich habe Angst!«. Er kann das nicht weiter erläutern. Er kann nicht mehr wie bisher in eine vor ihm liegende Zukunft schreiten, er ist gehemmt, auf sich zurückgeworfen. Die Welt verliert für ihn ihre Bedeutung. Alles wird ihm sinnlos, er kann damit nichts mehr anfangen. Er kann sich aber rückwärts wenden. Wohl ihm, wenn er eine Vergangenheit hat, der er sich zuwenden kann. Er lebt dann in Erinnerungen, die seinerzeit seinem Dasein Sinn gegeben haben. Diese Sinnfülle erhellt seine durch die Angst geprägte aktuelle Lage. Ein Gespräch mit einem Sterbenden über Erinnerungen kann ihn, wie die Erfahrung zeigt, außerordentlich beruhigen und ihn aus seiner Angst erlösen. Dies trifft vor allem dann zu, wenn es an gemeinsame Interessen und frühere gut gelungene Gespräche anknüpfen kann.

Nun kann sich ähnliches nicht nur angesichts des eigenen Todes ereignen, sondern auch in der Begegnung mit der Vergänglichkeit im Schicksal anderer, vertrauter, geliebter Mitmenschen, aber auch bei Verlusten materieller Art. Wir sprechen dann von Trauer. Entsprechendes kommt jedoch ebenfalls spontan vor, ohne irgendwelchen äußeren Anlaß. Dem entspricht dann das psychopathologische Zustandsbild der Depression.

Die in der Trauer und in der Depression sich ereignende Begegnung mit der Endlichkeit des Daseins ist begleitet von einer Beeinträchtigung der Aktivität, einer Hemmung des Sich-Bewegens und des Denkens. Diese ist am ausgesprochensten, falls es sich um den Tod eines nahen Angehörigen handelt, dessen Leichnam die Regungslosigkeit auf den Hinterbliebenen überträgt. In dem Maße als gleichwohl Antriebe erwachen, die infolge der Hemmung sich nicht in Bewegung entfalten können, entstehen im Bereich der Motorik Spannungen. Diese können sich in einem Ausmaß steigern, das zu einem plötzlichen Durchbruch des Sich-Bewegens führt, wobei jedoch dieses Bewegen meist ungeordnet erfolgt. Es tritt, wie man zu sagen pflegt, als anfallsweise Entladung auf. Diese kann sich freilich nicht nur in der allgemeinen Körpermotorik, sondern auch sprachlich ereignen, ist aber immer zunächst gemäß der ursprünglichen Neigung des Ichs zu zentrifugaler Aktivität nach außen gerichtet und erscheint dann unter dem Bild von Aggressivität.

Fremd- und Selbstaggression, Suizidalität

Aggressivität richtet sich, wie wir gesehen haben, entsprechend der dem Ich eigenen Zentrifugalität seiner Aktivität in erster Linie nach außen. Wir erfahren in unserem alltäglichen Leben und besonders intensiv aus den neuesten Nachrichten immer wieder die Aggressivität anderer. Auch mit unserer eigenen Aggressivität haben wir uns täglich auseinanderzusetzen, je nach dem, wie wir konstitutionell veranlagt sind und wie sehr die persönliche und berufliche Situation und unsere Stellung in der Gesellschaft unsere Aggressivität weckt.

Es muß aber noch auf einen anderen Punkt hingewiesen werden. Die Aggressivität kann sich auch gegen uns selbst richten. Sie kann zum Beispiel die Gestalt der Askese annehmen, die dahin führen kann, sich selbst Schmerzen zuzufügen oder sich anders zu quälen. Formen der Selbstaggression sind auch die Selbstbeschuldigungen bis zum Versündigungswahn der Melancholiker.

Das Extrem der Selbstaggression ist wohl der Selbstmord. Für sich allein betrachtet stellt er ein sehr geheimnisvolles Phänomen dar, das der gesunde, im bewegten Leben stehende Mensch kaum verstehen kann. Es gibt Menschen, die leichter als andere von einem Antrieb, sich das Leben zu nehmen, befallen werden. Dieser kann verschiedene Formen annehmen, dem Betroffenen in sonderbarer Art vertraut vorkommen oder ihn als ein ihm selbst unverständliches Phänomen erschrecken. Er ist meist mit Angst verbunden. Zudem steht er mit depressiven Phasen in offensichtlicher, manchmal jedoch auch verhüllter Beziehung. Erst eine gute psychiatrische Exploration deckt den depressiven Hintergrund auf, sogar dann, wenn scheinbar verständliche Motive, wie schwere Krankheit oder Verlust des sozialen Ansehens, im Vordergrund stehen. Manche Menschen führen oft jahrelang einen verzweifelten und leidvollen Kampf gegen Selbstmordimpulse, andere neigen dazu, spielerisch mit Selbstmord zu drohen, um ihre Zwecke zu erreichen oder gar nicht ernst gemeinte Versuche zu unternehmen. Faktisch aber sind Selbstmorde doch recht häufig und stürzen Angehörige in schwerstes Leid, das kaum zu löschende Spuren hinterläßt.

Wir haben gesagt, als isoliertes Phänomen sei der Selbstmord kaum zu verstehen. In welchem Zusammenhang müssen wir ihn sehen, um ihn vielleicht unserem Verständnis etwas näher zu führen? Wir beschreiten dazu einen auf den ersten Blick recht eigenartigen Umweg. Wir wählen ein Glas mit Wasser, das vor dem Vortragenden steht. Für denjenigen, welcher es vorbereitet hat, ist es ein Gegenstand der Vorsorge, nicht für sich, sondern für einen andern. Er hat das Wasser einzufüllen und das Glas gegebenenfalls mit einem Wasserkrug bereitzustellen. Ganz anders liegen die Verhältnisse für den Vortragenden. Er braucht das Bereitgestellte, es ist für ihn selbst da, er hat nicht mit dem Füllen, sondern mit dem Leeren von Glas und Flasche zu tun. Beachten Sie wohl, worum es sich handelt. In beiden Fällen geht es um dasselbe Glas und dasselbe Wasser; aber das eine Mal hat es damit eine Bewandtnis beim Vorbereiten und Füllen, das andere Mal beim Gebrauchen und Leeren. Entscheidend sind dabei die Zusammenhänge, in welche Wasser und Glas in den beiden Fällen treten. Für denjenigen, welcher das Sitzungslokal vorbereitet hat, war ein Zusammenhang zwischen Glas und Wasserhahn, zwischen Glas, Hand und Gehen maßgebend, für den Vortragenden treten Beziehungen zwischen Glas, Hand und Mund bei ruhigem Stehen hervor. Da diese Zusammenhänge es sind, welche darüber entscheiden, welche Bewandtnis es mit Glas und Wasser hat, welche Bedeutung Glas und Wasser in einer bestimmten Situation bekommen, nennt man sie Bewandtniszusammenhänge. Sie geben den Gegenständen und dem Handeln Sinn. Und dieser Sinn hängt nicht den Dingen gleichsam an, sondern wird dadurch bestimmt, wie man mit den Dingen umgeht.

Dasselbe läßt sich an zahlreichen alltäglichen Beispielen ableiten. Überlegen Sie sich zum Beispiel, wie es mit dem Besteck Ihres Frühstücks bestellt ist. Das Messer, das Sie zum Brotschneiden brauchten, hat für die Abwaschfrau nachher in der Küche eine ganz andere Bedeutung. Die Nahrungsmittel, die Sie zu sich genommen haben, sind für den Landwirt, der sie gewinnt, für den Händler, für den Käufer, für die Hausfrau beim Zubereiten und für die Familie bei Tisch jeweils ganz anders bedeutsam, die einen geben dafür Geld aus, andere nehmen dafür Geld ein, und dabei handelt es sich immer wieder um dieselben Gegenstände.
Ähnliches gilt nun für die Sprache. Ein Wort hat je nach dem Zusammenhang, in welchem es gebraucht wird, die eine oder eine andere Bedeutung. So kann es einmal Ausdruck von Zärtlichkeit, ein andermal von

Aggressivität sein, je nach dem Zusammenhang und der ganzen Situation, in welchem es gebraucht wird.

Die Bewandtniszusammenhänge lassen sich beschreibend erfassen. Dabei zeigt sich, daß jedoch nicht aus allem alles werden kann. Eine Brunnenfigur zum Beispiel, die mit verbundenen Augen dasteht und in der Hand eine Waage hält, bedeutet Gerechtigkeit. Die Waage kann so zum Ausdruck für Gerechtigkeit werden, was jedoch nicht ebenso für irgendeinen Haushaltungsgegenstand gelten kann. Mit einem Glas Wasser kann ich meinen Durst löschen, nicht aber ein brennendes Haus. Es ist zunächst einmal die Erfahrung, welche uns über die Bedeutung der Worte und Dinge Aufschluß gibt. Wir haben wohl manches durch unsere Erziehung gelernt. Wir wissen aber auch manches, ohne daß wir es bereits erfahren haben. So brauchen wir nicht zuerst den Versuch zu machen, mit einem Glas Wasser ein Haus zu löschen, sondern wir wissen das aus der Kenntnis zahlreicher anderer Beziehungen und Sachverhalte. Wir leben in einer geordneten Welt und diese Ordnung hilft uns, uns in ihr zurechtzufinden. Dabei ist es unter Umständen notwendig, die Ordnung zu stören, um sie neuen Verhältnissen anzupassen, zugleich aber müssen wir in der Lage sein, sie dort zu bewahren, wo es zweckmäßig oder notwendig ist.
Wenn wir im Laufe unseres Lebens immer besser lernen, uns in der Welt zurechtzufinden, so ist diese doch so strukturiert, daß wir nie alles durchschauen können. In besonders deutlichem Maße tritt das hervor, wenn wir es nicht nur mit den natürlichen oder mit vom Menschen geschaffenen Ordnungen, sondern mit dem einzelnen anderen Menschen, der, wie wir auch, in seiner eigenen Ordnung lebt, zu tun haben. Vieles bleibt uns verborgen, wir müssen mit der Unberechenbarkeit und Unvorhersehbarkeit immer wieder rechnen und werden davon überrascht. Stets aber ist es unser Handeln, das uns lehrt, die Ordnungen, mit denen wir zu tun haben, zu erkennen und uns darin zurechtzufinden.

Zur Gliederung jeder Ordnung gehören Grenzen, und alles wird ein Ende haben. Jede Situation löst sich einmal auf. Unsere Freunde ziehen weg, andere sterben, viele Dinge werden verbraucht und unbrauchbar. Die Jahreszeiten wechseln, der Tag wird von der Nacht gefolgt, wir können aber einen neuen Tag erwarten.
Wir müssen fragen, wozu es führt, wenn die Aktivität mit allem, was sie bewirkt, gehemmt wird oder ganz ausfällt. Dann mißlingt die Einordnung in den Lauf der Natur, in gesellschaftliche und gemeinschaftliche Strukturen. In dem Maße, als durch ihre Hemmung die Möglichkeit, Neues zu erfahren und das Leben entsprechend den jeweiligen Situationen zu gestalten, gestört ist, kann zunächst die Neigung entstehen, Altes zu wiederholen, was das Schicksal des Depressiven ist. Damit kehrt sich gleichsam die normale Daseinsform, die in die Zukunft schreitet, um. Es kommt zu einer Rückkehr in die Vergangenheit. Daraus kann ein Drang entstehen, den Kreislauf des immer wieder erneuten Durchlebens vergangener, vorwiegend peinlicher Ereignisse zu unterbrechen. Dies kann zum Beispiel durch Rauschgifte geschehen. Es ist bekannt, wie sehr am Ursprung vieler Suchtkrankheiten eine Depression zu finden ist. Ein anderer Ausweg ist, in

mechanische äußerliche Aktivitäten zu flüchten oder exzentrische Lebensbedingungen aufzusuchen, in welchen äußere Verhältnisse dazu zwingen, aktiv zu werden. Offensichtlich ist das Auftauchen des Gedankens, koste es, was es wolle, den peinlichen Zustand zu beenden und gleichsam in einem letzten Entschluß ihm ein Ende zu setzen, ein häufiges Motiv zum Selbstmordimpuls. Sehr sonderbare Ideen können in diesem Zusammenhang entstehen. Als Beispiel sei die Klage einer über 70jährigen schwer melancholischen Frau herausgegriffen, die trotz sehr großen Vermögens an einem Verarmungswahn leidet. Sie meint, selbst an dieser Verarmung schuld zu sein, überhaupt nichts mehr zu machen, nicht einmal mehr sterben zu können. Sterben ist wie Leben ein aktives Geschehen, das geleistet werden muß und das in die Unfähigkeit, etwas zu tun und zu leisten, einbezogen wird.

Hier müßte nun über verschiedene Formen des Selbstmordes gesprochen werden. Eine psychiatrisch besonders wichtige Gestalt ist der plötzlich paroxysmale Selbstmordantrieb, bei dem unter Umständen ein Medikament gegen derartige paroxysmale Entladungen wirksam sein kann. Viele Selbstmorde geschehen zweifellos aus depressiven Zuständen, wobei immer wieder zu betonen ist, daß deren Heilung eine besondere Gefährdung darstellt, wenn sich die Hemmung löst, die Stimmung jedoch noch depressiv ist. Es gibt auch Anhaltspunkte für eine Mitbeteiligung depressiver Verstimmung bei scheinbar rational gerechtfertigten Selbstmorden, wenn man bedenkt, wieviele Menschen auch in extremen Situationen niemals an Selbstmord denken.

Der Gedanke an den eigenen Tod spielt bei jedem Menschen eine gewisse Rolle. Er schreckt den Menschen und fasziniert ihn zugleich. In diesem Sinne spielt er eine zentrale Rolle im Leben jedes Menschen, man lese zum Beispiel in »Dichtung und Wahrheit« von Goethe darüber nach und sieht dann, wie dessen Werk »Werthers Leiden« entstanden und wie sehr es in der persönlichen Lebensgeschichte Goethes verankert ist. Die Faszination durch den Tod kann sehr gefährliche Formen annehmen, wenn sie Menschen betrifft, die zu Macht im Staat gelangen, wozu die neuere Geschichte unseres Jahrhunderts ja eindrückliche Beispiele geliefert hat. Sie dürfte jedoch auch mit der Faszination durch unser Thema in Beziehung stehen.

Therapie von Angst, Anfall und Aggression

Wir können hier nur einige Bemerkungen zur psychiatrischen Therapie der in unserem Thema genannten psychopathologischen Phänomene anführen. Keine dieser Erscheinungen läßt sich als isoliertes Phänomen betrachten. Das gilt vor allem in bezug auf die weitverbreitete Meinung, Angst lasse sich durch »Anxiolytika« behandeln. Bekanntlich werden die Benzodiazepine in dieser Weise angeboten. Sie haben tatsächlich eine Wirkung, indem sie Spannungen lösen. Wie zu erwarten, ist dies jedoch eine recht fragwürdige Methode. Es sollten doch eher die Hemmungen, welche das sinnvolle Handeln beeinträchtigen, und so zu Angst, Anfällen und Aggressionen führen, behoben werden. Man sollte nicht an der letzten Auswirkung der Hemmung angreifen. Die meist nur vorübergehende Wirkung der Anxiolytika erstaunt deshalb nicht; ebenso wenig die mit der Zeit sich oft einstellende Verschlimmerung des Zustandes und eine doch oft zu beobachtende Abhängigkeit.

Es ist deshalb in jedem Fall vor irgendeiner Behandlung eine genaue psychiatrische Untersuchung, die sich aller zur Zeit verfügbaren Hilfsmittel bedient, eine exakte Diagnosestellung und Behandlung des ganzen Menschen notwendig. Dabei mögen sich oft Ursachen für psychische Störungen zeigen, die der Arzt nicht selber beheben kann, wie etwa Arbeitslosigkeit, politische oder religiöse Verhetzung, Extremismus und Sektiererei, mangelhafte Schulbildung. Sobald jedoch ein Leiden unter einer psychischen Symptomatik entsteht, ist psychiatrische Behandlung einzusetzen.

Dazu sind folgende Richtlinien zu beachten:

1. *Depressive Symptome* sind, unabhängig davon, welche anderen Symptome daneben noch bestehen, mit spezifisch antidepressiv wirkenden Medikamenten zu behandeln.

2. Ausgesprochene Anfallssymptomatik, die man als *Paroxysmalität* bezeichnet, unabhängig davon, ob sie epileptischer Genese ist oder nicht, erfordert eine entsprechende medikamentöse Behandlung, am ehesten mit Carbamazepin, das immer noch das einzige Medikament mit dem hier erforderlichen Wirkungsspektrum ist. Eine derartige Behandlung ist oft nur ein Teil einer anderen medikamentösen Therapie, die ebenfalls indiziert sein kann.

3. *Wahnhafte* und *halluzinatorische Formen* irgendeiner psychischen Erkrankung bedürfen einer medikamentösen Behandlung mit Neuroleptika.

4. Alle diese Therapien benötigen bei entsprechender Indikation noch andere *moderne psychiatrische Therapien* wie Musik-, Tanz-, Verhaltens- und vor allem Arbeitstherapie, d.h. gemäß unseren bisherigen Ausführungen muß der Kranke angewiesen werden, möglichst rasch und intensiv selbst zu handeln.

5. Endlich bedürfen alle erwähnten Behandlungen der Begleitung durch *Psychotherapie*. Dabei ist zu bedenken: Unsere Ausführungen legen es nahe, bei Angst und Aggressivität jede Konzentration der vertrauten Einfügung in die Welt der Dinge und Menschen auf die Person des Therapeuten zu vermeiden. Ebenso soll unter keinen Umständen Feindschaft gegen die Familie und andere Bezugspersonen geschürt werden. Wer der Versuchung erliegt, in diesem Sinne auf Patienten zu wirken, läuft Gefahr, die Behandlung durch nicht mehr lösbare Aggressionen zum Scheitern zu bringen. Die von vielen Psychotherapeuten vertretene Meinung, Psychotherapie und Medikamente würden sich ausschließen, ist ein schwerwiegender, verhängnisvoller Irrtum. Denn die Hemmungen des

Handelns, von denen hier die Rede war, lassen sich in den meisten Fällen durch Psychotherapie allein nicht beheben. Vermeintliche psychotherapeutische Erfolge beruhen nur allzu oft auf dem zum Glück häufigen spontanen Verschwinden der Hemmung.

Angst, Anfall und Aggression als Ausdruck des Zeitgeistes

Angst, Anfall und Aggression sind Phänomene, die sich im Rahmen eines gesunden Daseins einstellen können. Ängste lassen sich beherrschen, Anfälle bezähmen, Aggressionen in Wettstreit, Sport und anderen legitimen Tätigkeiten, wie etwa Wehrdienst, umwandeln. Angst und Aggressionen können sogar zur Selbstgestaltung Anlaß geben. Erziehung, Schulung, Vorbild und Klärung der Situation sind geeignet zu lernen, Hemmungen des unmittelbaren Reagierens auszuhalten und die Lösung auf Wegen zu suchen, die zwar Handeln ermöglichen und damit Entspannung bewirken, aber zugleich nicht Werte zerstören, sondern solche schaffen. Wenn das gelingt, dann sind jene Voraussetzungen erfüllt, die, wie bereits gezeigt, zur Selbsterkenntnis führen. Damit können gestaltende Kräfte freigesetzt werden.

Zum Abschluß sei in diesem Zusammenhang noch auf ein besonderes Problem hingewiesen: Die drei Begriffe fassen gleichsam eine Charakteristik dessen zusammen, was man den Zeitgeist unseres Jahrhunderts nennen könnte und wofür sich unter anderem, aber doch in besonders deutlicher Art, die Bezeichnungen »Expressionismus« und »Surrealismus« anbieten. Wer das »Brücke«-Museum in Berlin besucht, einen großen Ausstellungssaal mit Gemälden von Beckmann durchschreitet, vor »Guernica« und vielen anderen Bilder Picassos steht oder eine Retrospektive der Werke von Munch betrachtet, gewinnt eine unmittelbare Anschauung der Phänomene, die unser Thema meint. Ähnliches ließe sich über die Werke neuerer französischer Philosophen wie Georges Bataille, Roger Caillois, Klosowski oder auch von Sartre sagen. In das Zeitalter des Expressionismus fügt sich auch jener Philosoph, dessen Name hier eingangs erwähnt wurde, dessen Untersuchungen von Furcht und Angst wir gefolgt sind, der sicher ein hochbedeutendes Werk geschaffen hat, das weit über seine Zeit hinaus Bestand haben wird und wahrscheinlich gegenwärtig noch kaum in seiner ganzen Bedeutung erkannt ist, der jedoch wegen seiner oft fast maßlosen aggressiven Ausfälle gegenüber wirklichen oder vermeintlichen Gegnern in Diskussionen gefürchtet war und der sich in ein während der letzten Jahre viel beredtes, politisches Abenteuer einließ, das seinem Ruf und seiner Persönlichkeit schwer geschadet hat, *Martin Heidegger*. Aus seinem Nachlaß sind auch interessante Analysen zum Phänomen der Langeweile veröffentlicht worden. Nachdem er sich bei Kriegsende selbst als »vernichtet« bezeichnet hatte, schrieb er im Beginn seines »Briefes über den Humanismus« einen Satz, der unseres Erachtens eine Kritik des eigenen Verhaltens zum Ausdruck bringt. Anschließend gibt er philosophische Hinweise, die vielleicht einen Weg zeigen, der aus den Verwicklungen des Verhängnisses herausführen könnte. Wir sind nicht in der Lage, uns im einzelnen jetzt damit zu befassen. Der Satz aber kann uns auf eine Aufgabe hinweisen, zu deren Lösung beizutragen wir im Rahmen psychiatrisch-phänomenologischen Denkens mit unserem Text einen Versuch unternommen haben. Der Psychiater hat mit Kranken zu tun, die in einer expressionistisch gestimmten Zeit leben. Diese prägt die Art und Weise, wie Angst und Aggression bei ihnen bedeutsam werden. Das bringen die eingangs erwähnten, umfangreichen wissenschaftlichen und pseudowissenschaftlichen Erörterungen des vorliegenden Schrifttums zuwenig klar und bestimmt zum Ausdruck. Wir haben gezeigt, welche Bedeutung das Handeln für die Behandlung psychisch Kranker gegenwärtig hat. Unseres Erachtens steht in der heutigen Psychiatrie das Reden im Verhältnis zum Handeln zu sehr im Vordergrund. Das Handeln jedoch bedarf dringend der Anweisung, in welcher Richtung es sich zu bewegen hat und welche Grenzen es einhalten muß. Um damit zum Ziel zu kommen, ist es notwendig, sich darüber Rechenschaft zu geben, wo die Lücken unseres Wissens liegen, um diese klar und deutlich zu erfassen. Wir müssen aber eingehend daran arbeiten, diese Lücken zu schließen, denn, so lautet der erwähnte Satz: »Wir bedenken das Wesen des Handelns noch lange nicht entschieden genug«.

Literatur beim Verfasser.

Die Identifikation von fünf Grundgefühlen durch spektrale EEG-Muster

von

Wielant Machleidt, S. Debus, K. Wolf

*Daß es eine ganz bestimmte Emotion und nur diese gibt, manifestiert zwei-
fellos die Faktizität der menschlichen Existenz. Diese Faktizität macht einen
regelhaften Rückgriff auf die Empirie notwendig... Jean Paul Sartre 1939 in
»Skizze einer Theorie der Emotionen«*

Der Ort der Gefühle im Bewußtsein

Der erkenntnistheoretische Diskurs zur Frage der Objektivität individueller
Wirklichkeiten ist in eine entscheidende Phase getreten. Der alltägliche
Gedanke, die Sinnesorgane vermittelten dem ZNS ein relativ naturgetreues
Bild der äußeren Realität, wird als naiver Realismus eingestuft. Demgegen-
über steht die Auffassung, das Individuum selbst sei Ursprung und Gestal-
ter der Summe seiner Wahrnehmungswirklichkeiten und damit seiner Welt.
Das Postulat einer außerhalb und unabhängig von der individuellen Wahrnehmung existierenden Realität wird als Fiktion fallengelassen (Maturana
1992). Diese als »kopernikanische Wende« apostrophierte konstruktivisti-
sche Weltsicht stellt die Grundpositionen traditionellen Realitätsverständ-
nisses in Frage. Dieses konstruierte sich seine »objektive Welt« in der
»realistischen« Grundüberzeugung, daß die reale Welt auch unabhängig
und außerhalb von unserer individuellen Wahrnehmung irgendwie »da«
sein müsse. Zum Verständnis dieses Paradigmenwechsels ist es leichter,
zunächst nach dem »Wie«, dem Zustandekommen dieser Denkfiguren zu
fragen und dann nach dem »Was«, den Phänomenen der Wahrnehmung,
zumal den Affekten.
Der Berliner Nervenarzt und Philosoph *Hans Lungwitz* drang schon 1925
zum Ursprung von Wirklichkeit vor, indem er zum einen die Grundelemente
dualistischen Denkens aufzeigte und zum anderen den Ort unseres
Alltagsverständnisses von Subjektivität und Objektivität transparent machte.

Zu den Grundelementen dualistischen Denkens

Lungwitz stellt klar, daß Nichts und Etwas beim Akt der Wahrnehmung
immer eins sind und gar nicht anders als eins sein können (Abbildung 1).
Er versteht das Nichts als das Anschauende, das Subjekt, sowie das Etwas
als das Angeschaute, das Objekt. Das Anschauende nimmt beim Akt der
Wahrnehmung sich nicht selbst, sondern das Angeschaute, eben das Etwas

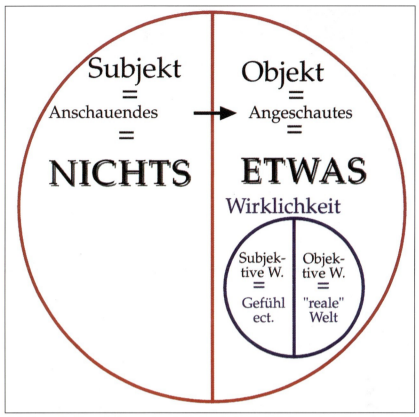

Abbildung 1. Das Problem des Subjekt/Objekt-Verhältnisses hat Hans Lungwitz 1925 in bestechender Einfachheit erkenntnistheoretisch geklärt. Im Vollzug der Wahrnehmung sind Subjekt und Objekt immer eins. Das Subjekt ist das definitiv Anschauende, das Objekt das definitiv Angeschaute. Das Subjekt kann im Gegensatz zum Objekt demzufolge nie selbst angeschaut werden, es ist demnach Nichts. Denn wird das Subjekt angeschaut, so ist es im Vollzug der Anschauung der Definition nach automatisch Angeschautes, also nicht mehr Subjekt, sondern Objekt, nämlich Etwas. Da das Subjekt nie angeschaut werden kann, ist es also offensichtlich ein zweifelsfrei nur je Konstruiertes. Demgemäß ist das, was wir subjektive und objektive Wirklichkeit bezeichnen, selbst immer nur Objekt, da Angeschautes, also Etwas.

wahr. Das Anschauende, das Subjekt, ist dann das Nicht-Wahrgenommene, also das Nichts. Umgekehrt kann das Objekt als Angeschautes nicht selber anschauen, dann wäre es ja Subjekt. Als Angeschautes ist es Objekt der Wahrnehmung und damit Etwas. Nichts und Etwas stehen beim Akt der Wahrnehmung in polarem – philosophisch kontradiktorischem – Gegensatz zueinander. Ihre Zugleichheit symbolisiert den Wahrnehmungspunkt, der. Anschauung ausmacht. Die Aneinanderreihung solcher Wahrnehmungspunkte bildet das Kontinuum bewußten Erlebens. Der Dualismus zwischen Nichts und Etwas oder Subjekt und Objekt ist eine erkenntnistheoretische Tatsache und als solche Grundlage für Wahrnehmungen überhaupt. Der

15

polare Gegensatz zwischen Nichts und Etwas kann als die elementare Denkfigur dualistischer Philosophie überhaupt gelten.

Alltagsverständnis von Subjektivität und Objektivität

Wir kommen jetzt zum »Was« des Wahrgenommenen. Unter Subjektivität und Objektivität werden die Objekte der Wirklichkeit des Einzelnen subsummiert, denen die Konnotation subjektiv oder objektiv zugeordnet wird. Es handelt sich also allemal um Objekte im Vollzug der individuellen Wahrnehmung, um Angeschautes, als um »Etwasse«. Die Objektseite enthält Subjektivität und Objektivität gleichermaßen als Funktion der – subjektiven – Wahrnehmung, denn eine andere steht dem Individuum ja nicht zur Verfügung. Sogenannte Objektivität stellen wir her, indem wir systematisierend empirische Tatsachen sammeln oder eine Mehrheit von Beobachtern analoge Feststellungen trifft. D.h. eine Summe subjektiver Feststellungen mit hohem Übereinstimmungsgrad oder empirische Funde dienen als Konstrukt für Objektivität. Doch damit ist nicht aus der Welt geschafft, daß die Feststellungen und Wahrnehmungen, die wir machen, Teil der individuellen Wirklichkeit sind. Die Tatsache, daß ich bestimmte »Etwasse« wahrnehme, heißt, daß ich »Paßformen« für solche Wahrnehmungsobjekte habe. Jeder nimmt das wahr, was er wahrnehmen kann. Das Andocken von System zu System, die strukturelle Koppelung, hat im Augenblick der Wahrnehmung des Wahrgenommenen schon stattgefunden. Das Wahrgenommene ist damit Bestandteil meiner bewußten Welt und damit mehr oder minder ganz sicher mit dieser verknüpft – als ein Subsystem. Die Unterscheidung von Subjektivität und Objektivität hält genauer Überprüfung nicht stand und kann fallengelassen werden. Beide Begriffe sind irreführende Zuschreibungen, die für ganz bestimmte Objekte der Wahrnehmung reserviert werden, unter der Annahme einer auch außerhalb und unabhängig von unseren Wahrnehmungen existierenden »realen« Welt »da draußen«.

Die Grundgefühle

Zu diesen sogenannten subjektiven, besser individuellen Anteilen der Wirklichkeit zählt ganz wesentlich der Bereich der Gefühle. Die Gefühle als Phänomene individueller Wirklichkeit lassen sich nur schwerlich durch jenes Objektivitätsverständnis der modernen Wissenschaften erklären, welches die Subjektivität als Feld für wissenschaftliche Forschung ausschließt. Gefühle sind genauso wie die Gegenständlichkeit und die Begriffe Objekte der individuellen Wahrnehmung und repräsentieren in assoziativer Verknüpfung mit ihren eingespielten Bezugssystemen (Ciompi 1982) die Wirklichkeit, in der sich das bewußte Individuum vorfindet. Diese bilden schließlich seine Welt. Das Mißverständnis von der »Objektivität« des sensorisch Wahrgenommenen – eine Attribution, die sich ja nur auf die gegenständliche Wahrnehmung bezieht – besteht darin, daß die (wahrscheinlich wesentlich vom Kleinhirn) nach außen lokalisierte Welt der Gegenstände die Konnotation »real« erhält, ein Adjektiv, das der innenkonnotierten Gefühls- und Begriffswelt eben und gerade deshalb vorenthalten wird (Abbildung 2). Im Unterschied zur gegenständlichen Welt sind die Gefühle für einen äußeren Beobachter nicht direkt zugänglich. Sie erschließen sich dem Individuum in der Eigenbeobachtung. Beim qualitativen Vergleich aber von Eigenbeobachtungen zwischen verschiedenen Individuen zeigen sich überraschende Übereinstimmungen nicht nur in ein und derselben Kultur: Kollegstudenten aus Uganda und Nordamerika beschreiben ihre Grundgefühle nahezu identisch (Davitz 1969). Gefühlswirklichkeiten – emotionelle Invarianzen – scheinen keine geringere – vielleicht eine größere – Wahrnehmungskonsistenz zu haben als etwa gegenständliche oder begriffliche Wirklichkeiten.

Will man also den Bereich der Gefühle wissenschaftlich behandeln, so ist es unabdingbar, ein Wissenschaftsverständnis zugrundezulegen, welches »objektive« und »subjektive« Wirklichkeit als gleichwertige Objekte in der Wirklichkeit des Einzelnen annimmt. Die differenzierte Analyse und systematisierende Beschreibung eines bewußten Gefühls ist in diesem Sinne

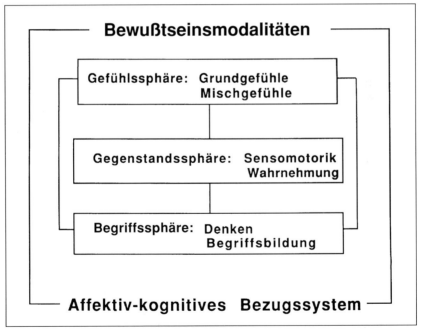

Abbildung 2. Die drei Bewußtseinsmodalitäten des Menschen sind die Gefühls-, Gegenstands- und Begriffssphäre. Die neuronale Grundlage der drei Sphären wird in den kortikalen Modulen vermutet. Die drei Sphären funktionieren nicht unabhängig voneinander, sondern als »assotiatives System«. Sie sind vielfältig miteinander verbunden. Daher ist mit den wahrgenommenen gegenständlichen und begrifflichen Objekten deren Gefühlstönung assoziativ stets mitgegeben. Diese macht den Gefühlscharakter des Gegenstands- bzw. Begriffsbewußtseins aus.

eine wissenschaftliche Leistung. Die Wissenschaft hat eine umfassende Phänomenologie und Systematisierung der emotionellen Erlebnisevidenzen angestrebt und darüber hinaus versucht, die Gefühlssausdrücke empirisch zu erfassen. Pointiert gesagt, hat sie die Vergegenständlichung der Gefühle betrieben. Diese Vergegenständlichung der Gefühle diente in ihren radikalen Auswüchsen dazu, die individuellen Wahrnehmungen, den Innenaspekt, durch den Außenaspekt des Beobachters zu ersetzen (Blankenburg 1983). Als beispielhaft für diesen Gegensatz mag der verstehende Ansatz der dynamischen Psychiatrie Bleulerscher Prägung (1983) zum kriteriologisch-systematisierenden Kraepelinscher Herkunft (s.a. K. Schneider 1987) dienen.

Eine unumstößliche Tatsache ist, daß Gefühle selbst nicht meßbar sind. Es können allenfalls gesetzmäßige Zusammenhänge zwischen Gefühlen und elektrophysiologischen Begleitphänomenen oder Verhaltensmerkmalen festgestellt werden, die wiederum Rückschlüsse auf Qualität und Intensität zugrundeliegender Gefühle erlauben. In der Gefühlsforschung fehlte es bisher gerade an solchen empirisch gesicherten Erkenntnissen und auch geeigneten Verstehensmodellen.

Der modernen differentiellen Emotionsforschung (Ekman 1988; Izard 1981) war *Lungwitz* 1925 weit voraus, als er fünf universelle Grundgefühle beschrieb. Diese sind: Hunger, zu verstehen in einem umfassenden Sinne als Verlangen, Wünschen, Begehren, Wollen, Neugier, Interesse, Intention etc., als weitere Angst, Schmerz (Aggression), Trauer und Freude und die Stauungsgefühle Haß und Ekel. In jüngerer Zeit hat *Ekman* (1988) sechs voneinander verschiedene Gefühle anhand ihrer erlebnishaft-motivationalen Charakteristika und ihres gefühlsbezogenen Gesichtsausdruckes voneinander abgrenzen können. Er konnte die kulturübergreifende Gültigkeit der mimischen Gefühlsausdrücke nachweisen. Fünf dieser basalen Emotionen sind mit den von *Lungwitz* beschriebenen Grundgefühlen identisch: Angst, Ärger/ Wut, Trauer, Glück, Ekel mit Ausnahme von Überraschung. Überraschung kann ganz unterschiedliche affektive Bezüge haben, wie gut, böse etc. und ist wesentlich durch das Zeitkriterium des Unvermittelten und Plötzlichen charakterisiert und in diesem Sinne keine eigenständige Grundgefühlsqualität. *Izard* (1981) unterscheidet zehn fundamentale Emotionen, die sich untereinander z.T. überschneiden und deshalb nicht alle als basal anzusehen sind. In Übereinstimmung mit *Lungwitz'* Hungergefühl und ergänzend zu *Ekman* identifiziert sie Interesse-Erregung als Initialgefühl am Beginn aller Erlebnisabläufe. Die meisten Emotionalitätstheorien stimmen darin überein, daß das Gefühlsleben eine eigenständige Modalität bewußt/unbewußten Erlebens ist und assoziativ mit Wahrnehmung, Handeln und Denken verknüpft ist (Lungwitz 1925; Izard 1981; Ciompi 1986, 1988). Jedes Grundgefühl im Grundgefühlssystem findet nicht nur seinen emotionalen, sondern ebenso seinen sensomotorischen und gedanklich-rationalen Ausdruck. So ist z.B. Hunger als Gefühlsbegriff die Beschreibung des gefühligen Erlebens in der Gefühlsmodalität, Suchen die Beschreibung der Handlungsabläufe (Sensomotorik) und Interesse ein Begriff für »rationalen« oder kognitiven Hunger (Kognition). Analoge Begriffsreihen für die Zuordnung der Gefühlsausdrücke in den drei

18

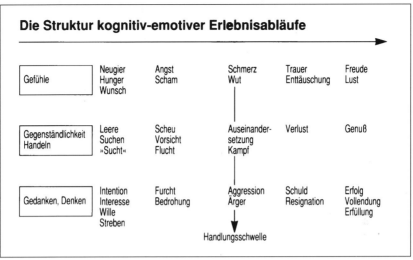

Die Struktur kognitiv-emotiver Erlebnisabläufe

Gefühle	Neugier Hunger Wunsch	Angst Scham	Schmerz Wut	Trauer Enttäuschung	Freude Lust
Gegenständlichkeit Handeln	Leere Suchen »Sucht«	Scheu Vorsicht Flucht	Auseinander- setzung Kampf	Verlust	Genuß
Gedanken, Denken	Intention Interesse Wille Streben	Furcht Bedrohung	Aggression Ärger	Schuld Resignation	Erfolg Vollendung Erfüllung

Handlungsschwelle

Abbildung 3. Das Schema gibt die Abfolge der Grundgefühle im Erlebnisablauf wieder, einschließlich einiger ihrer Symptome (Zeile 1: Gefühle); darunter die damit assoziierten Wahrnehmungen und Handlungen (Zeile 2: Gegenständlichkeit, Handeln), und die zugehörigen Begriffe, die den kognitiven Pol der Gefühlserlebnisse (Zeile 3: Gedanken, Denken) bilden. Die Initialgefühle im Erlebnisablauf sind die Hunger- oder Neugiergefühle, die Handlungsschwelle wird durch die konstruktiven Kampf- oder Aggressions-/Schmerzgefühle charakterisiert. Der Handlungsschwelle voraus geht die Angst vor dem Kommenden, auf sie folgt die Trauer um das Geschehene. Die Erfüllungsgefühle schließen den Handlungsablauf ab – dem hedonischen Prinzip folgend.

Bewußtseinsmodalitäten (Abbildung 3) lassen sich für andere Grundgefühle finden. So z.B. Angst, Flucht, Furcht – Wut, Kampf, Ärger – Trauer, Verlust, Schuld – Freude, Genuß, Hochgefühl, etc. Diese Differenzierungen sind allein schon im alltäglichen Sprachgebrauch auffindbar.

Die Psychobiologie von *Hans Lungwitz* und die sozio-neurokulturelle Theorie von *Ekman* (1988) gehen von einem Emotionssystem aus, das universell kulturübergreifend in allen Menschen biologisch angelegt ist. Diese Einsichten konnten bisher nicht durch die Entdeckung eines eindeutigen physiologischen Ausdrucksmusters fundiert werden. Wir stellten uns deshalb die Frage: Lassen sich basale Emotionen durch spezifische und reproduzierbare EEG-Spektralmuster identifizieren und so einer objektiven Messung nach Qualität und Intensität zugänglich machen?

Zur Methodik

Imagination biographisch bedeutsamer Erlebnisse

Analysiert wurden Gefühle, die durch gezieltes und geleitetes Wiedererleben (Imagination) (modifiziertes Gedanken-Stop-Verfahren; Dilling et al.

1971) hochgradig gefühlbesetzter biographischer Erlebnisse reaktiviert wurden und auch solche, die in der Situation spontan entstanden (Übersichten zur Methodik s. Machleidt et al. 1987, 1989; Hinrichs und Machleidt 1992). Das Verfahren beruht also wesentlich auf der erinnerungsmäßig imaginativen Wiederbelebung eingefahrener Erlebnismuster, die von *Ciompi* (1982, 1986, 1988) als affektiv-kognitive Bezugssysteme bezeichnet wurden.

Im folgenden beziehe ich mich im wesentlichen auf zwei (Machleidt et al. 1988, 1989; Debus, Machleidt, Hinrichs i.p.) von fünf Studien (Machleidt 1991; Brüggenwerth, Gutjahr et. al. 1991; Hinrichs und Machleidt 1992). Bei 46 Probanden (Hauptstudie 32 und Replikationsstudie 14 Probanden), je zur Hälfte Normalprobanden und alkoholkranke Patienten, wurden über 400 qualitativ unterschiedliche affektive Zustände simultan mit EEG, EKG und Video registriert. Beide Kollektive waren in emotioneller Selbstwahrnehmung erfahren. Die Imaginationsübungen waren in vier Abschnitte gegliedert (Abbildung 4). Auf eine initiale Erwartungsphase (Intention) folgte die Imagination eines negativen Erlebnisses, an das sich nach einem Stopsignal ein positives anschloß. Der Übungsleiter unterstützte die Imagination der Probanden durch schrittweise Nennung der Schlüsselwörter des »life events«, bis das Maximum des emotionellen Nacherlebens erreicht war. Die Übungen schlossen mit einer Ruhephase (Ausklang) ab. Die Übung wurde nach einer Woche wiederholt. Unmittelbar im Anschluß an die Imaginationsübung erfolgte eine katamnestische Befragung der Probanden und Patienten zu ihrem emotionellen Erleben. Zwei unabhängi-

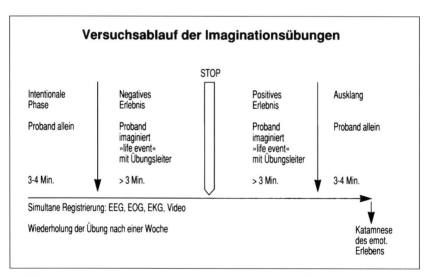

Abbildung 4. Nach der Erwartungsphase imaginierten die Probanden, unterstützt durch die Schlüsselworte des Übungsleiters, das negative Erlebnis, auf das nach dem Stopsignal das positive folgte. Daran schloß sich eine Ruhephase an. Während der Übung wurden simultan EEG, EOG, EKG und Video registriert. Die Probanden wurden vor der Übung psychologisch getestet und anschließend zu ihrem emotionellen Erleben befragt. Die Übung wurde nach einer Woche wiederholt.

ge Experten schätzten die Gefühlserlebnisse nach Qualität und Intensität anhand der Katamneseprotokolle, der biographischen Erlebnisse und der Videoaufzeichungen ein.

EEG-Spektralanalysen und Statistik

Die EEG-Kurven wurden sechs- und zwölfkanälig (nach dem internationalen 10-20-System) über den vorderen, mittleren und hinteren Regionen beider Hemisphären abgeleitet und im 3,3-sec-Takt automatisch mit der FFT (Fast Fourier Transformation) spektralanalysiert. Dabei wird die aus einem Frequenzgemisch von schnelleren Beta-, mittleren Alpha- und langsameren Theta-Wellen zusammengesetzte Hirnstromkurve nach diesen drei Kategorien geordnet. Je nach der Menge der in den verschiedenen Frequenzbereichen vorgefundenen Wellen und deren Amplituden entsteht das, was man ein Spektrum nennt. Die Spektren lassen sich durch Kenngrößen, die sog. Spektralparameter, nach ihrer Fläche unter der Kurve, der Leistung, der Verteilung dieser Leistung über den jeweiligen Frequenzbereich, ihrer Bandbreite als Maß für die Variabilität und ihrer Gipfelfrequenz charakterisieren (Abbildung 5). Schichtet man nun die im 3,3-sec-Takt berechneten Spektren auf der Zeitachse hintereinander, so lassen sich sehr anschaulich Hirnstromveränderungen unter verschiedenen emotionellen Bedingungen darstellen.

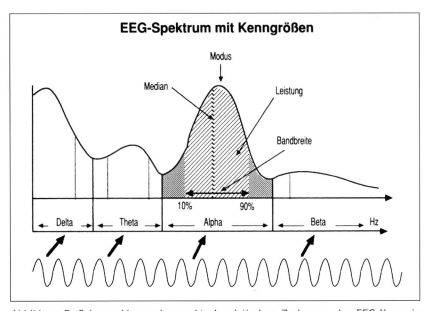

Abbildung 5. Schemaskizzen der spektralanalytischen Zerlegung der EEG-Kurve in die Frequenzanteile (Alpha, Beta, Theta, Delta) und die Leistung (Flächenintegral unter der Kurve) und Definition der spektralen Kenngrößen für die statistische Weiterverarbeitung (Leistung, Modus, Bandbreite).

Die Korrelationsanalysen der Emotionen als unabhängige Variable mit den EEG-Parametern als abhängige Variante erfolgten fall- und gruppenbezogen unter Verwendung anerkannter und geeigneter statistischer Verfahren (Varianz-, Regressions-, Diskriminanz- und Kohärenzanalysen) (Statistik und Artefaktanalyse s. Übersicht Methodik Machleidt et al. 1989, S. 28 ff.; Hinrichs und Machleidt 1992). Bei den Berechnungen der Daten sind also zwei Analysewege eingeschlagen worden, deren Ergebnisse jeweils getrennt voneinander dargestellt werden. Zum einen wurde individuell für jeden Probanden und jede emotionelle Episode die Änderung der Verlaufsdynamik der EEG-Parameter bei zunehmender Intensität der erlebten Emotionen in verschiedenen Topographien evaluiert (Regressions-, Kontrast- und Diskriminanzanalysen). Bei der Darstellung der Spektren (s. Abbildungen 6, 13, 17, 19 a, b) wurden im 3,3-sec- bzw. 10-sec-Takt Frequenzen und Leistung als Koordinaten aufgezeichnet. Die dritte Dimension bildet die Zeitachse mit den wechselnden emotionellen Bedingungen. Die standardisierten Skattergramme stellen die im 3,3-sec- bzw. 10-sec-Takt gewonnenen EEG-Paramenter einzeln bei zunehmenden Gefühlsintensitäten in analoger und damit gut vergleichbarer Form dar (s. Abbildungen 7, 14, 15, 18 a, b, 20 a, b, c). Zum anderen wurden die Probanden, die jeweils die gleichen Emotionen erlebt hatten, z.B. Hunger (Intention), Trauer und Freude etc., zu Gruppen zusammengefaßt und einer multivariaten Varianzanalyse (MANOVA) mit den Emotionen als den abhängigen und den EEG-Parametern als den unabhängigen Variablen unterworfen. Waren multivariate Effekte erkennbar (canonische Correlation, cc), so wurde univariat geprüft, auf welche EEG-Parameter die signifikanten Veränderungen entfielen. Nur solche Veränderungen werden im folgenden beschrieben.

EEG-Muster der Grundgefühle: Ausschnitte charakteristischer Ergebnisse

Hungergefühle (Neugier, Interesse, Intention) und spektrale EEG-Muster

Die Hungergefühle
Hungergefühle sind Gefühle der erwartungsvollen Leere, die auf Erfüllung abzielen. Sie stehen am Anfang aller Erlebnisabläufe als die Initialgefühle. Synonyma auf der Sprachebene der Gefühlsbegriffe sind Neugier, Wunsch, Verlangen, Begehren, Sehnsucht, u.v.a.m., im Bereich der Sensomotorik Suchen und kognitiv Interesse, Intention, Wille, Erwartung, Absicht etc.

EEG-Dynamik bei Hungergefühlen
Die Einzelfallanalysen zeigten parametrische EEG-Veränderungen bei Hungergefühlen (Neugier, Erwartung, Interesse, Intention), die durch eine spezifische und reproduzierbare Verlaufsdynamik charakterisiert waren. Die folgenden Kenngrößen erwiesen sich als typisch: Ein Anstieg der Leistung und der Frequenz der Alpha-Wellen bei abnehmender Variabilität

22

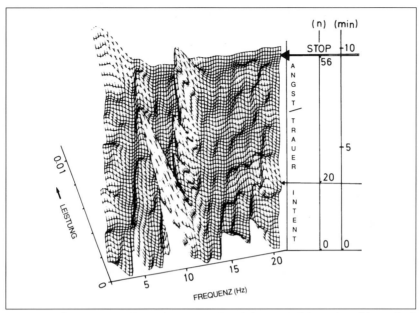

Abbildung 6. 3-D-Darstellung der spektralen Leistung bei Intention (Hunger). 1 Segm. = 10 sec, Fall 2, 1. Übg., okzipital re. Höchste Alpha-Leistung (s. initialer Gipfel) charakterisiert die Erwartungsphase.

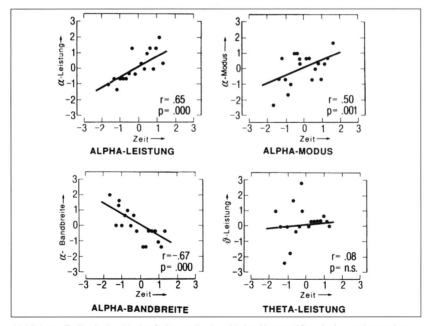

Abbildung 7. Typische Verlaufsdynamik der Alpha-Kenngrößen bei zunehmend neugierigen Erwartungsgefühlen (Hunger). Ein steiler Anstieg von Alpha-Leistung und -Modus geht einher mit einer abnehmenden Variabilität (Bandbreite) und gleichbleibender Theta-Leistung.

23

korreliert mit zunehmender Intensität von Erwartungsgefühlen. In 78 Übungen von 46 Probanden waren in nur zwei Übungen eines Probanden keine signifikanten intentionalen EEG-Veränderungen festzustellen. Dies war, wie sich zeigte, ein Proband, der kein Interesse an den Übungen entwickelte. Das für Hungergefühle charakteristische EEG-Muster war klar von denen anderer Grundgefühle zu unterscheiden und zeigte sich über allen untersuchten Topographien. Es imponiert als ein globales kortikales Phänomen (Abbildungen 6, 7, 8).

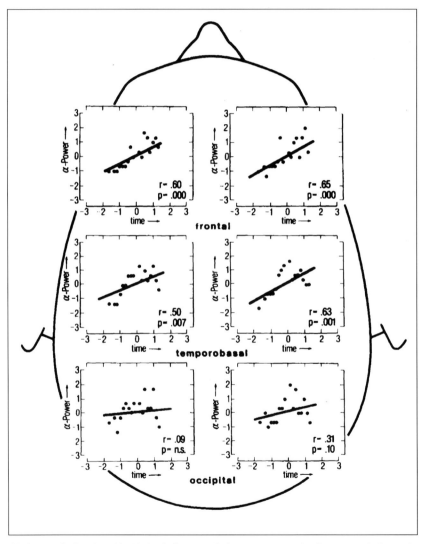

Abbildung 8. Anstieg der Alpha-Leistung mit fronto-temporaler Betonung bei zunehmenden Neugiergefühlen (Hunger, Intention) über verschiedenen Topographien, dargestellt in standardisierten Skattergrammen.

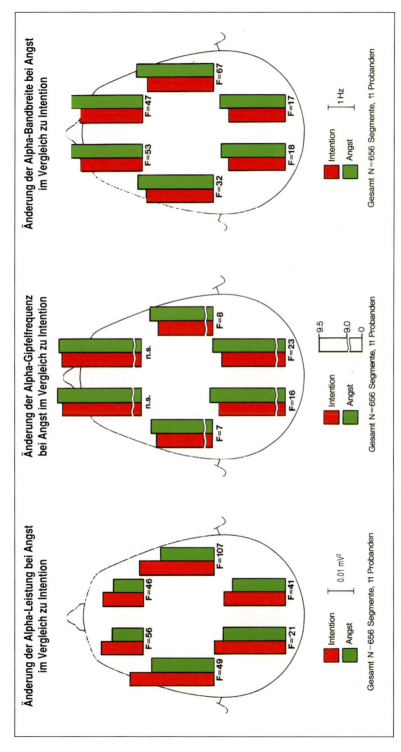

Abbildungen 9, 10, 11. Charakteristisch für die Differenzierung von Intention (Hunger) und Angst ist eine verminderte Alpha-Leistung und eine Zunahme von -Modus- und -Bandbreite bei Angst.

Statistische Gruppenanalyse Hunger versus Angst

Über die Einzelfallanalysen hinausgehend, fand diese EEG-Dynamik in den Gruppenanalysen Bestätigung. Die multivariaten Effekte (MANOVA) auf die Alpha (cc = .53) und Theta-Größen (cc = .43) waren beim Vergleich von Hunger und Angst hochsignifikant. Zunehmend intensive Hungergefühle gingen im Zeitablauf mit signifikanten Veränderungen der Alpha-Größen (cc = .28) einher. Die Alpha-Leistung zeigte bei Hungergefühlen einen Anstieg auf höchste Beträge mit F-Werten bei den univariaten Effekten bis 107 (Signifikanz ist ab F = 4 gegeben) und einem deutlichen Abfall bei nachfolgender Angst um 1/4 bis 1/3 über allen Topographien mit frontaler und temporaler Betonung. Der Alpha-Modus (Gipfelfrequenz) lag bei Angst erwartungsgemäß höher als bei Hunger, mit okzipitaler (plus 0,2 Hz) und temporaler (plus 0,1 Hz) Betonung. Die Variabilität des Alpha-Rhythmus, die Bandbreite, fiel bei Angst um 0,3 Hz breiter aus als bei Hunger. So ließen sich in der statistischen Gruppenanalyse allein anhand der Alpha-Größen Hunger und Angst über allen untersuchten Topographien voneinander unterscheiden (Abbildungen 9, 10, 11).

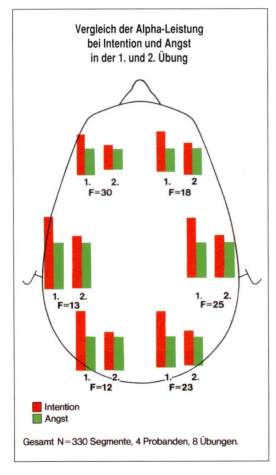

Vergleich der Alpha-Leistung bei Intention und Angst in der 1. und 2. Übung

1. 2.
F=30

1. 2
F=18

1. 2.
F=13

1. 2.
F=25

1. 2.
F=12

1. 2.
F=23

■ Intention
■ Angst

Gesamt N=330 Segmente, 4 Probanden, 8 Übungen.

Lassen sich Intensitätsunterschiede bei Neugier im EEG abbilden?

Dazu wurden bei vier Probanden die hungertypischen EEG-Veränderungen bei inhaltsgleichen Erst- und Wiederholungsübungen untersucht (Abbildung 12). Anzunehmen war, daß gegenüber einem schon bekannten Übungsablauf und -effekt die Neugier vor der zweiten Übung abnehmen würde. In der Tat zeigte sich dies auch im EEG. Die Alpha-Leistung als Maß für die

Abbildung 12. Vergleich der Alpha-Leistung bei Intention (Hunger) und Angst bei inhaltsgleichen Erst-(1.) und Wiederholungsübungen (2.). Abnahme der Alpha-Leistung und der neugierigen Erwartung gegenüber einer schon bekannten Prozedur in der Wiederholungsübung.

Intensität von Neugier schrumpfte vor der zweiten Übung um ein Drittel bis die Hälfte ihres Ausgangswertes im Vergleich zu der ersten Übung, nahm also gegenüber einer schon bekannten Prozedur stark ab. Der Alpha-Wert für Angst war dagegen statisch. Dieser Effekt sprach für wenig veränderte Ängste. Für deren Abbau reichten zwei Imaginationsübungen, wie zu erwarten, nicht aus. Es ist also durchaus möglich, die emotionelle Resonanz auf Settingeffekte und therapeutische Interventionen im EEG-Spektrum seismographisch zu erfassen.

Inverse EEG-Dynamik bei Angst und Freude

Die Angstgefühle
Angst ist das Gefühl der Beengung und der Bedrohung. Sie kann sich als Aufgeregtheit und Besorgnis äußern oder auch als Ungewißheit und

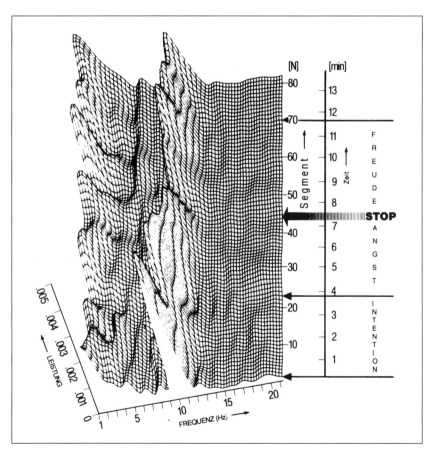

Abbildung 13. 3-D-Darstellung der spektralen Leistung. 1 Segm. = 10 sec., Fall 27, 2. Übg., temporal re. Nach intentionalem Anstieg fällt die Alpha-Leistung bei klaustrophoben Ängsten auf ein Minimum ab und steigt bei zunehmender Freude zu einem Maximum an.

27

Unsicherheit. Spielarten des Angstgefühls äußern sich in Begriffen wie Scheu, Scham, Verlegenheit, Zurückhaltung etc. Heftige Ängste werden Schreck, Entsetzen, Phobie oder Panik beschrieben. Angst im Handlungsbereich ist Flucht, im kognitiven Bereich Furcht.

Fallbeispiel Klaustrophobie
Was imagiert der Proband, ein 36jähriger Werbetexter?
Er leidet an klaustrophoben Ängsten, die sich besonders in Flugzeugen, wo er sich »gefangen« fühlt, akzentuieren. Ihm steht bevor, zu einem Vorstellungsgespräch in eine ferne Stadt zu fliegen. In der Übung vollzieht er gedanklich den Ablauf vom »Einchecken« über den Aufruf des Fluges, den Gang durch den »Schlauch« des Zubringers in die Rumpfröhre, Anschnallen und »take off« mit zunehmenden und schließlich maximalen Engegefühlen nach. Bei dem positiven Erlebnis nach Stop kommen dem Designer seine guten Fähigkeiten an sinnlicher Vorstellungskraft zugute. Er stellt sich eine Wiese vor, auf der ein Apfelbaum steht. Er nähert sich dem Baum und sieht knackige Äpfel daran hängen. Er pflückt sich einen, riecht den Duft und beißt hinein. Der schmeckt köstlich. Das tut sehr gut. Er fühlt sich »völlig ohne Angst locker und frei«. Die klaustrophobe Angst stieg bis zu einem Maximum an und ging in zunehmend intensive Freudegefühle über. Der Proband erlebte eine Angst-Lust-Dynamik, die sich im EEG in gegensinnigen Spektralverläufen widerspiegelte (Abbildung 13).

EEG-Dynamik bei Angst
Die typische Verlaufscharakteristik der EEG-Parameter, so ergaben die Einzelfallanalysen bei unterschiedlichsten Ängsten (vor engen Räumen (Klaustrophobie), vor Nähe, vor Verlusten, vor Entblößung (Scham), vor Überwältigung, vor Kränkung, etc.), bestand in einer Abnahme der Alpha-Leistung und einer Zunahme aller übrigen EEG-Parameter, wie der Alpha-Bandbreite, der Alpha-Frequenz und der Leistungen in den flankierenden Frequenzbändern Theta und Beta (Abbildungen 14, 15). In ihren wesentlichen Charakteristika ist dieses Muster von *Berger* schon 1931 visuell im EEG entdeckt worden. In seinen extremen Ausgestaltungen und unter Beimischung von Theta/Delta-Aktivität findet sich dieses Muster stereotyp bei der Schizophrenie (Koukkou-Lehmann 1987; Übersicht Machleidt et al. 1989).

Die Freudegefühle
Freude ist das Gefühl der Vollendung, der Erfüllung, der Befriedigung, des Glücks, der Euphorie, der Lust, etc. Es stellt *die* positive Gefühlsqualität schlechthin dar und ist inhärentes Ziel aller Erlebnisabläufe (Freude- bzw. Lustprinzip). In der Sensomotorik wird z.B. der Begriff Genuß gebraucht. Ein kognitiver Freudeausdruck wäre z.B. Erfolg.

EEG-Dynamik bei Freudegefühlen
Bei Freudegefühlen unterschiedlichster Herkunft und Intensität, von den alltäglicheren Befriedigungs- und Erfolgsgefühlen bis zu den Hochgefühlen Glück, Euphorie, zeigte sich immer die gleiche sehr einfache EEG-

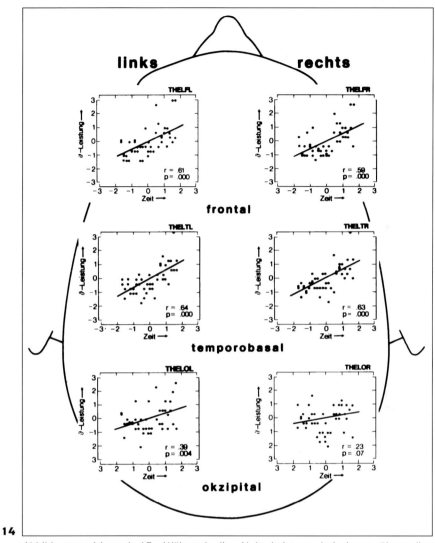

14

Abbildungen 14 und 15. Während die Alpha-Leistung bei Angst über allen Topographien abnimmt, nehmen die flankierenden Frequenzen Theta und Beta (s.o.) zu (Regressionen in standardisierten Skattergrammen).

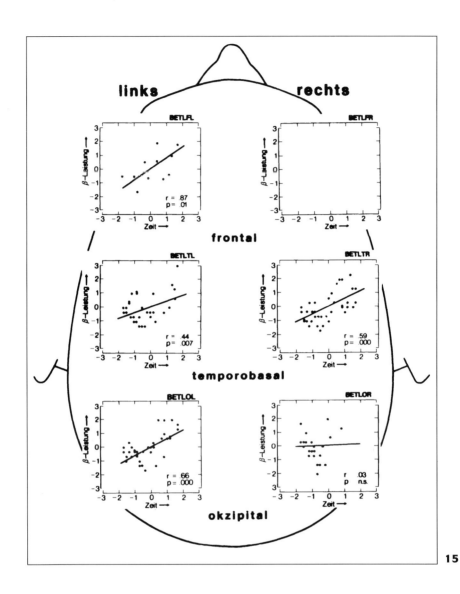

15

Verlaufsdynamik. Eine Zunahme der Alpha-Leistung, im Spektrum als hoher, schlanker, schmalbasiger Gipfel erkennbar, ging mit einer Abnahme aller anderen EEG-Paramenter, insbesondere auch der Leistungen in den flankierenden Frequenzbändern Theta und Beta einher (Abbildung 16). Angst und Freude werden nicht nur in ihrer subjektiven erlebnisdynamischen Wahrnehmung als gegensinnig erkannt, sondern zeigen in passender Analogie dazu inverse Verlaufsdynamiken ihrer spektralen EEG-Variablen.

Statistische Gruppenanalyse Angst versus Freude
Bei den multivariaten Effekten (MANOVA) des Freudegefühls auf die Alpha- und Theta-Größen betrugen die durch die canonische Correlation (cc)

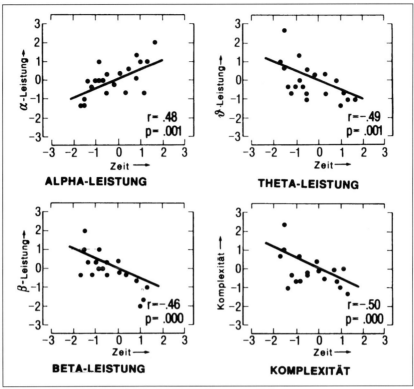

Abbildung 16. Bei Freude zeigt sich eine zu Angst inverse Dynamik der EEG-Größen: Die Alpha-Leistung steigt steil an, während sie in den flankierenden Frequenzbereichen Theta und Beta steil abfällt.

berechneten Werte beim Vergleich mit Angst cc = .33 (Alpha-Größen) und cc = .28 (Theta-Größen). Die Alpha-Leistung lag bei Angst unter dem für Freude charakterstischen Niveau – eine statistische Bestätigung der inversen EEG-Dynamik. Bei der diskriminanzanalytischen Unterscheidung von Angst und Freude anhand der EEG-Parameter wurde unter Verwendung von acht Variablen eine erfreulich gute Klassifikationsrate von 75 % erreicht.

Inverse EEG-Dynamik bei Schmerz (Wut, Aggression, Ärger) und Trauer

Die Aggression/Schmerzgefühle

Schmerz ist im Erlebnisablauf (s. u.) das Schwellengefühl. Es ist das Durchsetzungs-, Kampf-, Ärger-, Kränkungs- oder Verletzungsgefühl. Differenzierte man die Begriffe Schmerz, Kampf und Aggression, so wäre der »subjektiv« empfundene Schmerz das Gefühlserlebnis, der objektgerichtete Handlungsimpuls der Kampf (Sensomotorik) und Aggression oder Kränkung der »rationale« Schmerz (Kognition). Konstruktiv gelebt ist

31

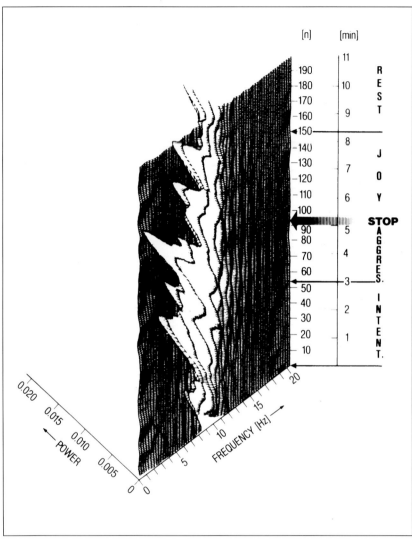

Abbildung 17. Dreidimensionale Darstellung der spektralen Leistung (1 Segment = 3,3 sec), Fall 29, 2. Übg., okzipital re. Der Patient, alkoholkrank, imaginiert vor dem Stopsignal bei Aggression eine dramatische Familienszene, die immer wieder Anlaß zu Auseinandersetzungen mit seiner Ehefrau ist. An jenem Abend kam er wieder einmal betrunken nach Hause und begann Streit mit seiner Frau, in dessen Verlauf er sie auch schlug. Der kleine Sohn versuchte, dazwischenzutreten, um die Mutter zu schützen. Da ging der Vater auf den Sohn los, der flüchtete »Mama« schreiend die Treppe hinauf. Der Patient hinterdrein. Der Sohn erreichte sein Zimmer und schlug die Tür zu. Da erst hielt der Patient inne und kehrte um. Der Ärger des Patienten richtet sich darauf, daß ihm diese blamable Episode immer wieder vorgehalten wird. Nach dem Stopsignal imaginiert er Erlebnisse eines schönen Tanzabends. Der Alpha-Gipfel erreicht bei intensivem Ärger (Aggression) ein absolutes Maximum (High Alpha Subject). Weniger ausgeprägte Maxima zeigen sich in den flankierenden Frequenzbändern Theta und Beta. Nach einem Einschnitt auf das Stopsignal folgen Alpha-Gipfel bei freudigen Erlebnisaktualitäten.

Schmerz ein Gefühl von Energie, Kraft und Entscheidung. Die Handlungsschwelle wird überschritten und es geschieht etwas. Schmerz ist in diesem
Sinne das Gefühl der Grenzüberschreitung, der Aktion, der Tat (Wer tut,
der leidet), auch der Trennung, des Abschieds in seiner schmerzhaften –
nicht in seiner traurigen – Komponente. Es ermöglicht kreativ Struktur-
wandel und im Extremfall Strukturzerstörung eines Objektes, das als
»Feind« Ziel geballter Aggression wird.

Fallbeispiel Familienstreit
Der Proband imaginierte die folgende, in der Legende zu Abbildung 17
beschriebene, immer wieder zu Auseinandersetzungen mit seiner Frau

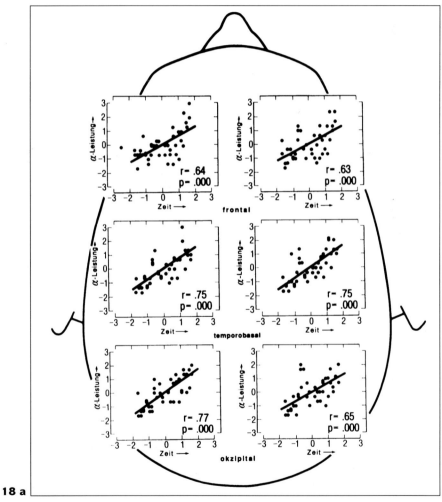

18 a

Abbildungen 18 a, b. Verlaufsdynamik der Alpha- und Theta-Leistung bei zunehmend aggressiven Gefühlen (Regressionen in standardisierten Skattergrammen). Die
Leistungen steigen in allen Frequenbändern (auch im Beta-Band) steil an.

führende Szene. Heftige Wut und Ärger stellten sich beim Nacherleben dieser Szene ein. Im EEG zeigte sich ein Anstieg der Leistungen in allen Frequenzbändern (Alpha, Theta, Beta) bei zunehmenden Ärgergefühlen über allen Topographien (Abbildungen 17, 18 a, b). Die Herzfrequenz stieg um durchschnittlich 30 % an.

Fallbeispiel »Verdrängter Schmerz«
Die junge Probandin erlebte eine Situation nach, in der ihr Partner in den Morgenstunden nach einem Seitensprung zu ihr zurückkehrte mit den Worten: »Ich war heute nacht bei Anna O., aber für uns ändert sich dadurch nichts«. In der Erlebnisschilderung der Probandin wurden Ärger

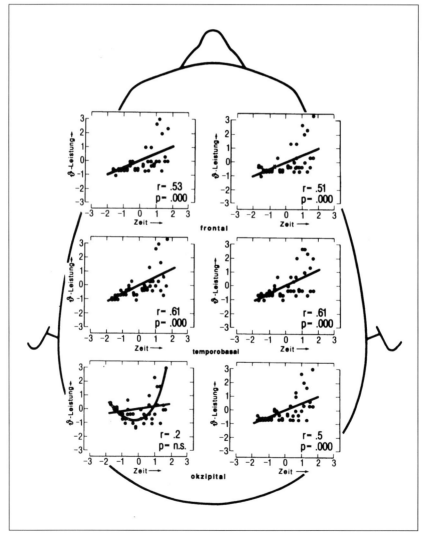

18 b

und Wut als Antwort auf die empfindliche Kränkung vermißt. Auch bei gezielter Nachfrage konnte sie solche Gefühle in ihrem Erleben nicht vorfinden. Sie selbst nahm bei sich Niedergeschlagenheit, Angst und heftiges Herzklopfen wahr. In ihrem EEG allerdings zeigte sich ein ausgeprägtes Aggressionsmuster sowie ein dramatischer Herzfrequenzanstieg von 54 %. Bei der Erinnerung an ein schönes Treffen mit der Busenfreundin nahmen Beta- und Theta-Aktivität zugunsten der Alpha-Leistung ab und die um 54 % auf 115 Schläge/min. angestiegene Herzfrequenz kehrte wieder auf die Ausgangsfrequenz von 74 Schlägen/min. zurück.

Die Probandin erlebte heftige aggressive Gefühle, ohne daß diese ihrer bewußten Wahrnehmung zugänglich waren. Der aggressive Affekt stellte sich aber in klassischer Weise im EEG dar und in einem dafür typischen dramatischen Herzfrequenzanstieg. Wir kommen zu dem Schluß, daß die EEG-Aktivität nicht nur bewußte, sondern auch unbewußte Gefühle repräsentiert. Unbewußte oder verdrängte Emotionen sind dann die Gefühle, die alle typischen physiologischen Begleitphänomene entfalten, aber der bewußten Warnehmung nicht zugänglich sind. In der psychoanalytischen Terminologie werden solche Vorgänge Verdrängung genannt.

Trauer als Grundgefühl

Trauer ist das Verlustgefühl, das auf ein »verlorenes Dagewesenes« (Wolf 1992) bezogen ist. Es ist in diesem Sinne auch das Gefühl der Ablösung, des Verlassenseins, der Einsamkeit oder auch das Gefühl der Enttäuschung, der Niedergeschlagenheit, der Bedrücktheit, der Mut- und Trostlosigkeit, etc. Im Erlebnisablauf liegt es jenseits der Handlungsschwelle. Das temporäre Verharren in der Trauer nach der Tat, der Aktion, etc., wird deshalb häufig als eine »gesunde Reaktion zur Überwindung des erlittenen Verlustes« interpretiert. Trauer ist normalpsychologisch ein ubiquitäres Gefühl. Es wird bewußt oder unbewußt in jedem Handlungsablauf als Gefühl »danach« durchlebt. Immer dann, wenn ein Erlebnisablauf die Schwelle überschritten hat und bevor bei seiner Vollendung das Erfolgsgefühl aktuell wird, taucht das Trauergefühl auf. Dies ist alltäglich auch bewußt der Fall, wenn Erlebnisse wie Abschiede, beendete Arbeiten oder nicht erreichbare Ziele betrauert werden. Gerade darin erweist sich die Normalität der systemgenetischen Ablaufdynamik der Grundgefühle. Eine Störung dieser Abläufe ist Zeichen für psychische Gestörtheit.

Fallbeispiel Verlusttrauer

Der 33jährige alkoholkranke Kfz-Mechaniker imaginierte die Trennungsszene von seiner Frau und seinem kleinen Sohn. Der Abschied von dem kleinen Sohn ging ihm besonders nahe: »...als er sich noch einmal umdrehte. Ich guckte in sein Gesicht...«. Er empfand das Traurige und Bedrückkende dieses Abschieds wieder, als sei es damals.

Gefühle von Leichtigkeit und Stolz löste die Erinnerung an den Sieg bei einem Motorradwettrennen aus. Spektralanalytisch zeigte ein sprunghafter Abfall der Leistungen in den Frequenzbändern (Alpha, Theta, Beta) den Beginn der Verlusttrauer an und dies bei der 2. Übung eine Woche später in nahezu identischer Weise (Abbildungen 19 a, b, und 20 a, b c).

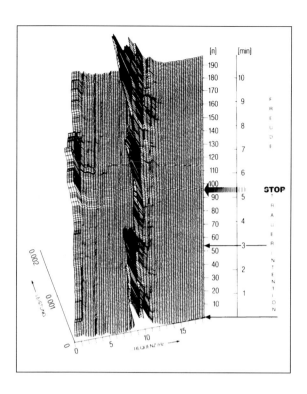

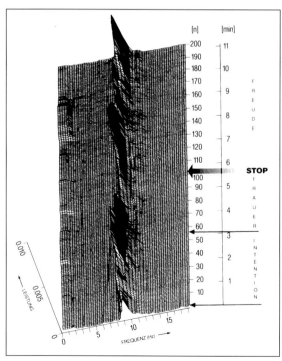

Abbildungen 19 a, b. 3-D-Darstellung der spektralen Leistung. 1 Segm. = 3,3 sec. Fall 1, 1. und 2. Übg., okzipital re. Nahezu identische Spektralkonfiguration bei inhaltsgleicher Erst- und Wiederholungsübung. Nach der Erwartungsphase bei Imagination eines Verlusterlebnisses »Trauertal« durch Abfall der Leistungsparameter im Spektrum – invers zu Aggression.

EEG-Dynamik bei Aggression/Schmerz und Trauer

Die Einzelfallanalysen zeigten eine typische gegensinnige Dynamik der EEG-Spektralparameter bei Schmerz und Trauer, die sich von der bei Angst und Freude prinzipiell unterschied (s.o.). Als Kenngrößen können die Leistungsgrößen in den drei Frequenzbändern Alpha, Theta und Beta dienen. Während die Leistungen in diesen drei Frequenzbändern bei Schmerz zunehmender Intensität einen starken Anstieg erfuhren, zeigte sich bei zunehmender Trauer der umgekehrte Effekt – eine deutliche Abnahme, d.h. die EEG-Kurve flachte visuell ab.

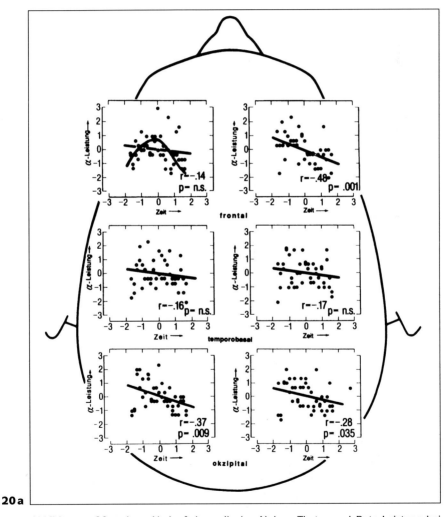

20a

Abbildungen 20 a, b, c. Verlaufsdynamik der Alpha-, Theta- und Beta-Leistung bei zunehmend traurig-depressiven Gefühlen (Regressionen in standardisierten Skattergrammen). Die Leistungen fallen in den Frequenzbändern (auch im Beta-Band) über allen Topographien steil ab.

37

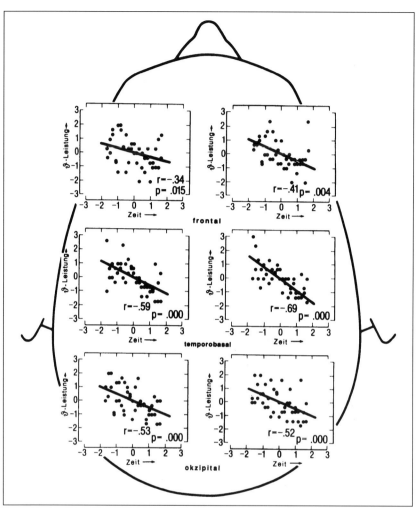

20b

Statistische Gruppenanalysen Aggression/Schmerz versus Trauer
Der Einfluß der Trauer auf die Grundaktivität (MANOVA) stellte sich beim Vergleich mit Schmerz im Alpha- (cc = .54) und Theta-Band (cc = .57) hochsignifikant dar. Bei den univariaten Analysen differenzierte sich Schmerz gegenüber Trauer durch eine höhere Alpha-Leistung mit okzipitaler Betonung (F = 4-10), eine höhere Theta-Leistung über allen Topographien (F = 6-18) und eine global, frontal rechts aber besonders ausgeprägte, schmalere Bandbreite (Abbildungen 21 a, b, c). Bei einer Diskriminanzanalyse von Hunger, Angst, Schmerz und Trauer betrug die durchschnittliche Klassifikationsrate das gut 2fache der a priori Wahrscheinlichkeit (46%).

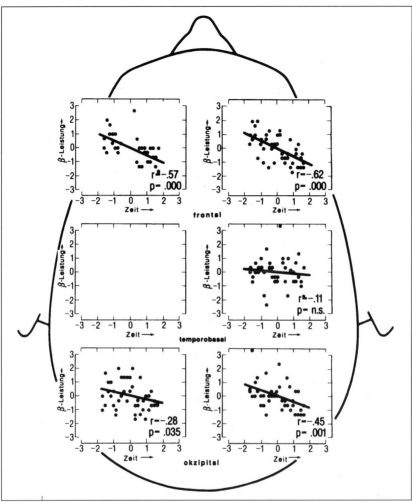

20c

Manie und Depression

Bei der manisch-depressiven Störung fanden wir eine erhebliche Zunahme
der Alpha-Leistung bei manischer und umgekehrt eine Abnahme bei trau-
rig-depressiver Stimmungsauslenkung. Dazu passend fanden *Koukkou-
Lehmann* und *Merlo* (1993) bei schizoaffektiven Psychosen eine analoge
Alpha-Dynamik bei depressiver und gehobener Affektlage.

Systematik

Grundgefühle und spektrale EEG-Muster

Die Veränderungen der spektralen Kenngrößen beziehen sich auf Grundgefühle zunehmender Intensität. Für die Gefühle Hunger (Intention), Angst,

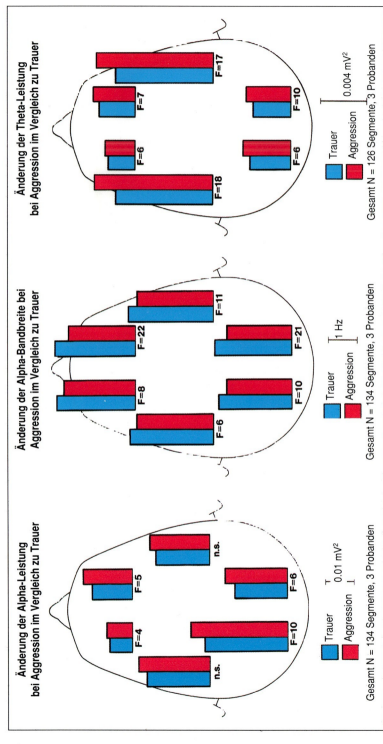

40

Abbildungen 21 a, b, c. Unterschiede der Alpha-Leistung und -Bandbreite sowie der Theta-Leistung beim Vergleich von Aggression und Trauer über allen Topographien (MANOVA). Eine inverse Dynamik ist nachweisbar.

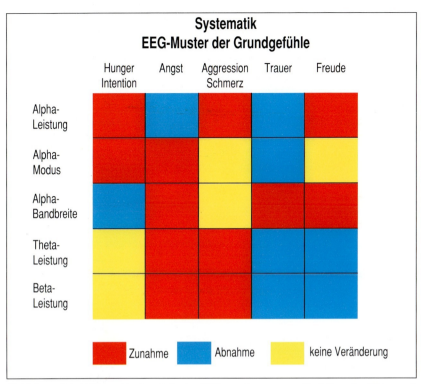

Abbildung 22. EEG-spektralanalytische Differenzierung von fünf Grundgefühlen mit fünf EEG-Parametern. Die Kriterien der Verlaufsdynamik gelten bei zunehmenden Gefühlsintensitäten. Unterschiedliche gegensinnige Parameterveränderungen charakterisieren Angst und Freude sowie Aggression und Trauer. Für Hunger sind die Veränderungen der Alpha-Größen typisch.

Aggression/Schmerz, Trauer und Freude wurden je spezifische und reproduzierbare EEG-Spektralmuster gefunden (Abbildung 22). Jeweils inverse EEG-Muster charaktersierten Angst und Freude sowie Aggression und Trauer. Die Hungergefühle zeigten eine typische Veränderung der Alpha-Größen. Die gefühlsspezifischen Muster tauchten mit nur geringen Unterschieden über allen untersuchten Regionen beider Hemisphären auf. Eine kortikale Lokalisierbarkeit konnte nicht nachgewiesen werden. Bei den EEG-Mustern der Grundgefühle handelt es sich um globale kortikale Phänomene. Je intensiver die Gefühle sind, um so besser können sie phänomenologisch und EEG-analytisch voneinander unterschieden werden.

Statistische Diskriminierung von Grundgefühlen anhand der EEG-Kenngrößen

Die Diskriminanzanalyse erlaubt eine Differenzierung der Grundgefühle anhand der EEG-Kenngrößen. Wie gut lassen sich die Grundgefühle statistisch voneinander unterscheiden? Am besten lassen sich Trauer zu 82 % und etwa gleich gut Hunger und Angst zu etwa 70 % (Durchschnitt 75%) voneinander unterscheiden. Ließen wir dem Computer die Zuordnung automatisch selber treffen, so lag die Trefferquote praktisch genau so hoch (74 %). Anhand vorgegebener Kenngrößen kann der Computer also für 3/4 aller EEG-Abschnitte das richtige Gefühl erkennen. Das ist ein vielversprechendes Ergebnis.

Bei der nichtparametrischen Diskriminanzanalyse (Tabelle I) der Replikationsstudie (Debus 1991; Debus, Machleidt, Hinrichs I.D.) wurden die folgenden Ergebnisse erzielt: 1. Starke Grundgefühle können mit der 3- bis 12fachen a priori Wahrscheinlichkeit diskriminiert werden. 2. Je intensiver das Grundgefühl, um so höher sind die Klassifizierungsdaten bei der Diskriminierung. 3. Der Ratingkonsens der Expertenschätzung steigt mit zunehmender Gefühlsintensität an.

Die Größenordnungen der emotionalen Effekte liegen im Verlauf bei den Leistungsparametern von »schwach« und »stark« zwischen 20% und 80% und die Mittelwertunterschiede zwischen 20% und 60%. Die emotionsbedingten topographischen Unterschiede liegen dagegen bei nur ca. 5%. Allerdings versuchen ausnahmslos alle Forschergruppen aus der Systematisierung dieser geringfügigen topographischen Unterschiede spezifische Kriterien für die Erkennung basaler Emotionen zu erarbeiten (Tucker 1984; Davidson 1988). Das kann nicht gelingen, weil die EEG-Muster der Grundgefühle topographisch unsystematisch variieren.

Tabelle I. Diskriminanzanalyse mit sechs Variablen und zwölf Klassen (Replikationsstudie). Die »starken Gefühle« erreichen die jeweils höchste Klassifizierungsrate, die um den Faktur 3 bis 12 höher als die a priori Wahrscheinlichkeiten liegen (absteigende Reihenfolge: Trauer, Freude, Aggression, Hunger). Grundgefühle können mit zunehmender Intensität physiologisch und phänomenologisch besser differenziert werden.

Grundgefühl	SPSS	Cart	
		Learn	Cross
1 Hunger (schwach)	20	2	8
2 Hunger (mittel)	24	38	26
3 Hunger (stark)	35	42	27
4 Aggression (schwach)	8	13	14
5 Aggression (mittel)	4	14	12
6 Aggression (stark)	45	44	41
7 Trauer (schwach)	8	15	19
8 Trauer (mittel)	1	8	14
9 Trauer (stark)	28	67	62
10 Freude (schwach)	8	28	21
11 Freude (mittel)	8	15	11
12 Freude (stark)	25	68	47
Gesamtklassifizierung	14	24	21

Angaben in %

Gefühlsdynamik im Erlebnisablauf: Das Phasenmodell

Gibt es eines systematische Abfolge der Grundgefühle, die sich aus der Struktur und Dynamik von Erlebnisabläufen erkennen läßt? *Lungwitz* hat schon 1925 (1970) ein zukunftsweisendes Modell vorgestellt, das mit unseren EEG-analytischen Ergebnissen weitgehend übereinstimmt. *Lungwitz* postuliert eine systemgenetische Abfolge der Grundgefühle Hunger, Angst, Schmerz, Trauer und Freude im Erlebnisablauf. Dieses Phasenmodell der Grundgefühle repräsentiert den entscheidenden und bisher, soweit wir sehen, einmaligen Schritt in den Emotionswissenschaften von der bloßen Identifikation basaler Emotionen systematisch zu ihrem dynamisch-funktionellen Zusammenspiel vorzudringen (Abbildung 23). In den emotionsdifferenzierenden Denkrichtungen gab es zwar unterschiedliche Funktionszuschreibungen für einzelne Gefühle (Freud 1920; Lungwitz

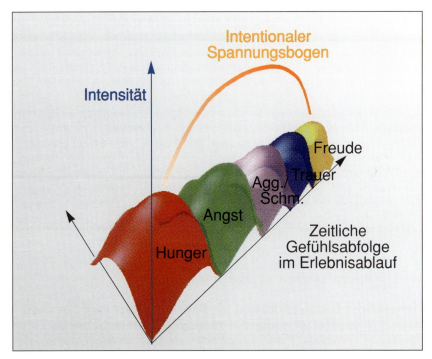

Abbildung 23. Idealtypische Darstellung der systemgenetischen Abfolge der fünf Grundgefühle Hunger, Angst, Aggression/Schmerz, Trauer und Freude in einem einzelnen Erlebnisablauf. Der intentionale Spannungsbogen Hunger – Freude steht für die Emotionslogik der Reihungsstringenz. Diese beginnt mit dem Initialgefühl (Hunger), erreicht die Handlungsschwelle (Aggression/Schmerz), und gewinnt Vollendung in der hedonischen Position (Freude). Die Gefühle des »Vorher« Hunger und Angst gehen der Handlungsschwelle voraus. Auf diese folgen die Gefühle des »Nachher« Trauer und Freude. Die Grundgefühle zeigen einen prinzipiell – hier idealtypisch – gleichartigen Verlauf hinsichtlich Intensitätsanstieg, Maximum, Intensitätsabfall und Übergang in das systemgenetisch folgende Grundgefühl unter Bildung von Mischgefühlen.

1947; Izard 1981), wie Initialgefühl (Interesse), Schwellengefühl (Schmerz) und Lustprinzip. Und obwohl einige dieser Zuschreibungen universelle Gültigkeit haben, entstand daraus kein Funktionskonzept, das auch nur annähernd dem Phasenmodell vergleichbar wäre. Aus unseren empirischen Funden und dem derzeitigen emotionspsychologischen Wissen lassen sich drei Prinzipien für die Emotionsdynamik ableiten: das Prinzip des Initialgefühls, das Prinzip der Handlungsschwelle und das hedonische Prinzip. Daraus entsteht folgendes idealtypische Modell: Die Hungergefühle, Wollen, Begehren, Wünschen, Neugier, Interesse, Intention etc. bilden die Initialgefühle im Erlebnisablauf, stehen also an dessen Anfang. Die Handlungsschwelle, d.h. der Augenblick der Tat, der Aktion ist durch konstruktive Aggression/Schmerz charakterisiert. Vor der Handlungsschwelle taucht die Angst vor dem Kommenden auf, jenseits der Handlungsschwelle liegt die Trauer um das Geschehene. Den Abschluß bilden, dem hedonischen Prinzip folgend, die Erfüllungsgefühle. Jedes Grundgefühl hat eine ansteigende Funktionskurve, ein Maximum und eine abfallende Funktionskurve und geht kontinuierlich in das nächste über. Im Überschneidungsbereich entstehen die Interferenzgefühle. Dieses Schema gibt die Abfolge der Grundgefühle im Erlebnisablauf idealtypisch wieder. An dem Beispiel eines Prüfungsablaufes läßt sich das Phasenmodell der Grundgefühle einleuchtend illustrieren. Das Initialgefühl ist verknüpft mit dem Interesse, einen Studienabschnitt abzuschließen. Daraus folgt die Angst vor dem Ereignis, die sich konstruktiv als Vorbereitung äußert. Die Handlungsschwelle ist erreicht, wenn es zur Auseinandersetzung mit dem Prüfer kommt und zum Ringen um die Fakten des Prüfungswissens. Jenseits dieser Schwelle liegen die Gefühle des »Nachher«, die Ablösung von Prüfer und Prüfung mit der mehr minder ausgeprägten »Erschöpfungsdepression« und schließlich das Erfolgsgefühl bei bestandenem Examen. Tatsächlich kommen die Grundgefühle nach Intensität, Differenzierung und Dauer in den unterschiedlichsten Variationen vor. Jeder Erlebnisablauf hat seine spezifische und einmalige Emotionsdynamik.

Die Grundgefühlssysteme und der Spiralprozeß

Die jeweiligen Gefühle bilden den ins bewußte Erleben ragenden emotionellen Pol von fünf elementaren Organisationsstrukturen, die als unterschiedliche biologische Funktionssysteme – als Grundgefühlssysteme – verstanden werden können. Die jeweilige emotionelle Physiognomie des Systems ist das entscheidende Organisationsmoment der physiologischen und psychischen Abläufe, wie sich am Beispiel der EEG-Aktivität bei unterschiedlichen Grundgefühlen zeigen ließ. Die Dynamik des biologischen Systems läßt sich als »Spiralprozeß der fünf Grundgefühle« (Wolf 1992; Wolf und Machleidt 1993) beschreiben, dem die Wahrnehmungs- und Handlungsmuster und die gedanklichen Abläufe assoziativ aufmoduliert sind (Abbildung 24). Dieser Spiralprozeß der Grundgefühle ist die sich ständig neu formierende Selbstorganisation, die Autopoiesis, des Individuums. Spiralprozeß und nicht Kreisprozeß deshalb, weil die

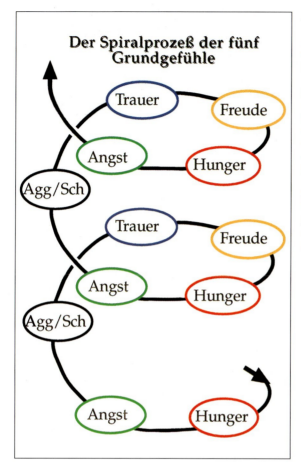

Der Spiralprozeß der fünf Grundgefühle

Trauer

Freude

Angst

Hunger

Agg/Sch

Trauer

Freude

Angst

Hunger

Agg/Sch

Angst

Hunger

Abbildung 24. Die systemgenetische Aufeinanderfolge der fünf Grundgefühle läßt sich i.S. eines übergreifenden Sinn- und Funktionsverständnisses als Spiralprozeß darstellen. Der Spiralprozeß verdeutlicht zwei der wichtigsten Aspekte von Gefühlsabläufen: die Kontinuität als das »Und so weiter« der Gefühle im Zeitverlauf und ihre Einzigartigkeit in dem jeweiligen Erlebnisablauf, d.h. ihre »Immer-neu-Entwicklung«.

Grundgefühle, anders als kybernetische Regelkreismodelle suggerieren, niemals in identischer Gestalt wiederkehren, sondern »immer anders« sind. Die intakte »normale« systemgenetische Abfolge der Grundgefühle als Funktion des Systems »garantiert« bzw. ist gleichbedeutend mit seinem Erhalt. Wird die normale Variationsbreite über- oder unterschritten im Sinne einer Hyper- oder Hypofunktion, z.B. beim Angstgefühl als Kontraphobie, Phobie oder Angstpsychose, so liegt eine neurotische oder funktionell psychotische Störung vor.

Wie ist der Zusammenhang zwischen psychischer Krankheit und Grundgefühlen? Das Phasenmodell zeigt die Anfälligkeiten auf, die der Vollendung des Erlebnisablaufes bis zum Erreichen der hedonischen Position, z.B. durch überwertige Angst wie bei der Angstneurose, der Phobie, der psychogenen Ohnmacht, durch überstarke Aggression bei der der Kampf zum *Krampf* mißrät oder durch depressive Trauer, entgegenstehen. Auch die Ausgestaltung der Grundaffekte bei schizophrenen und affektiven Psychosen lassen sich klarer umreißen.

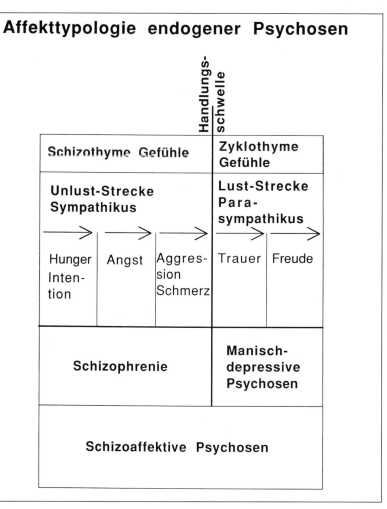

Affekttypologie endogener Psychosen

	Handlungs-schwelle	
Schizothyme Gefühle		**Zyklothyme Gefühle**
Unlust-Strecke Sympathikus		**Lust-Strecke Para-sympathikus**
⟶ ⟶ ⟶		⟶ ⟶
Hunger Inten-tion	Angst	Aggres-sion Schmerz	Trauer	Freude
Schizophrenie		**Manisch-depressive Psychosen**
Schizoaffektive Psychosen		

Abbildung 25. Die fünf Grundgefühle können nach ihrer systemgenetischen Position im Erlebnisablauf in zwei Gruppen eingeteilt werden, nämlich die schizothymen und die zyklothymen. Die sympathogenen ergotropen Gefühle, Hunger (Intention), Angst und Aggression/Schmerz, bilden die Unlust-Strecke im Erlebnisablauf. Hunger (Intention) steht als das Initialgefühl an dessen Anfang. Bei Annäherung an das intendierte Objekt kommt es zur normalen »physiologischen« Angst vor dem Objekt und schließlich zur Auseinandersetzung mit diesem, zur Tat, als Ausdruck normaler konstruktiver Aggression/Schmerzerlebnisse. Damit ist die Handlungsschwelle erreicht. Ist sie überschritten, kommt es mit der Ablösung von dem Objekt zur mehr/minder ausgeprägten Verlusttrauer (»Trauerarbeit«). Die hedonischen Erfolgs- oder Erfüllungsgefühle vollenden den Erlebnisablauf, sofern er vollständig ist. Die beiden letztgenannten Gefühle Trauer und Freude, die zyklothymen Gefühle, liegen jenseits der Handlungsschwelle und repräsentieren die Luststrecke des Erlebnisablaufes. Bei der Schizophrenie werden die überwertigen psychotischen Varianten der schizothymen Affekte gefunden; bei den manisch-depressiven Psychosen die Varianten der zyklothymen Affekte. Bei den schizoaffektiven Mischbildern finden sich affektive Elemente der schizo- und zyklothymen Grundaffekte.

Affekttypologisches Verständnis funktioneller Psychosen

Es folgt abschließend der modellhafte Versuch auf der empirischen Basis einer differentiellen Emotions/Affekttypologie (Affekt = heftige Emotion reggressiven Charakters), eine phänomenologisch-deskriptive Psychopathologie möglichst widerspruchsfrei psychophysiologisch zu fundieren. Dies geschieht am Beispiel der funktionellen (endogenen) Psychosen, speziell der Angstpsychose und der Schizophrenie.

Es kann als empirisch gut begründet gelten, daß die Affekte Trauer und Freude in ihrer überwertigen psychotischen Ausgestaltung das sind, was wir phänomenologisch-klassifikatorisch Manie und Depression nennen (Abbildung 25). Die Grundstörung dieser als »Affektive Psychosen« (ICD 10, DSM III R) bezeichneten Störung liegt in der Affektmodalität.

Tabelle II. Das Schema zeigt normale und pathologische Ausgestaltungen des Angstsystems in den drei Bewußtseinsmodalitäten. Zwischen »normal« und »psychotisch« liegt ein qualitativer Sprung zu archaischeren Erlebens- und Verhaltensrudimenten, die in der Psychose wiederbelebt werden. Die Grundstörung der Angstpsychose liegt in der Affektmodalität. Überwertige psychotische Ängste prägen das Bild dieser »Emotionspsychose«. Bei schizophrenen Psychosen prägt der komplexere kognitive Pol das bewußte Erleben (s.a. Kasten »schizoides Erleben«), während der Affekt mehr/minder unbewußt bleibt bzw. nur interkurrent der bewußten Wahrnehmung zugänglich ist. Einzelne psychopathologische Phänomene der Schizophrenie werden beispielhaft aufgeführt.

	Normal	Psychotisch
Gefühlserleben	Angst Scham Unsicherheit	Apokalyptische Ängste
Gegenständlichkeit, Handeln	Scheu Vorsicht Flucht	Autismus Katatonie Halluzination
Gedanken/Denken	Furcht Bedrohung	Wahn: Verfolgung Bedrohtsein Denken: Hemmung Blockierung
	schizoides Erleben	
EEG-Aktivität	Angstmuster	Extremvariante des Angstmusters

Vergleichbar liegen die Dinge bei der Angstpsychose, synonym reaktive oder ephemere Psychose, psychotische Episode, »buffé délirante«, schizophreniforme Psychose (ICD 10, DSM III R). Der Begriff der Angstpsychose stammt aus der Affektpsychopathologie von *Wernicke-Kleist-Leonhard* (Angst-Glücks-Psychose, Zykloide Psychosen). Der äußerst heftige psychotische Angstaffekt ist bei dieser Störung Gegenstand des bewußten Erlebens. Er bestimmt das klinische Bild mit paranoischen Symptomen, dem halluzinatorischen Erleben und Beziehungsideen u.a. (Peters 1984) (Tabelle II, Gegenüberstellung Normalangst und psychotische Angst). Der psychomotorische Ausdruck der Angst kann sich im Spannungsfeld zwischen höchster Erregung (hyperkinetische Katatonie) und Erstarrung (katatonischer Stupor, »Totstellreflex«) bewegen. Besonders eindrucksvoll ist bei der Angstpsychose wahrnehmbar, daß die kognitiven Elemente (Wahn, Halluzination etc.) und die Motorik eine Funktion der psychotischen Angst und auf diese aufmoduliert, also sekundär sind. So wie sie sich bei abklingender Angst verflüchtigen, so stellen sie sich bei zunehmender psychoti-

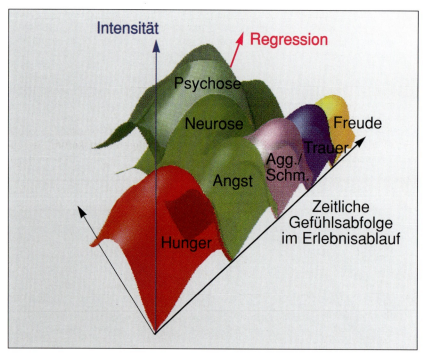

Abbildung 26. Systemgenetische Abfolge der Grundgefühle im Erlebnisablauf mit den pathologischen Variationen neurotischer (Angstneurose) und psychotischer Angst (Angstpsychose). Bei Krankheitsmanifestation Aktualisierung »regressiver« infantiler und frühinfantiler Erlebnismuster. Angstnuancierung der übrigen Grundgefühle bei überwertiger neurotischer Angst. Existenzielle Ängste und/oder psychotische Kognitionsmuster dominieren das bewußte Erleben bei der Angstpsychose und der Schizophrenie. Eine Vielzahl der Erlebnisabläufe enden vorzeitig in der psychotischen Angst (Autismus, Denk- und Konzentrationsstörungen, etc.) und erreichen nicht die hedonische Position (Anhedonie).

scher Angst wieder ein. Im EEG sehen wir das oben beschriebene Angstmuster in seiner extremen Variante unter Beimischung langsamer Wellenkomponenten (Tabelle II). Die langsamen Wellenkomponenten sind Ausdruck des regressiven psychotischen Charakters des Angstaffektes. Wichtig und aus affektpsychopathologischer Sicht höchst interessant ist, daß bei der Schizophrenie ganz überwiegend das prinzipiell gleiche Muster auftaucht, obwohl die Psychopathologie eindeutig die Phänomene kognitiver (und sozialer) Gestörtheit hervorhebt, wie Wahn, Halluzination, Spaltung, Verwirrung, Autismus etc. Die EEG-Muster aber machen deutlich, daß bei der Schizophrenie eine psychotische Angst vorliegt, die klinisch-psychopathologisch und erlebnismäßig im Vergleich zur kognitiven Gestörtheit nur marginal in Erscheinung tritt. Sie erfährt eine kognitive Verarbeitung. Die Schizophrenie ist in diesem Sinne als eine affektive Erkrankung mit kognitiver Physiognomie aufzufassen (Machleidt 1992a, 1992b) (Abbildung 26).

Zusammenfassung

Das EEG ist ein Gefühlsseismograph. Fünf Grundgefühle können nach Qualität und Intensität anhand spezifischer und reproduzierbarer EEG-Spektralmuster voneinander unterschieden werden. Diese sind Hunger (Interesse), Angst, Aggression/Schmerz, Trauer und Freude. Je stärker die Gefühlsintensität, um so besser lassen sich Grundgefühle sowohl phänomenologisch als auch EEG-analytisch differenzieren. Die EEG-Grundaktivität wird bis zu 80% emotionell moduliert. Bei Mischgefühlen kommt es zu einer Interferenz verschiedener Grundgefühlskomponenten. Analog dazu erscheinen Interferenzmuster im EEG, die sich aus den gefühlsspezifischen Spektralmustern konstituieren (s. Machleidt et al. 1989). Die Grundgefühle tragen in ihrer überwertigen (oder unterwertigen) Ausgestaltung zur Symptomatologie der Neurosen und der funktionellen (endogenen) Psychosen bei. Schon länger ist dieser Zusammenhang zwischen phänomenologisch-psychodynamischer Seite und EEG-Abläufen z.B. bei den Angststörungen nachgewiesen, aber auch bei den übrigen Neurosen und den »affektiven Psychosen«, einschließlich der Angstpsychosen erkennbar. Bei der Schizophrenie kommt es u.a. zu einer kognitiven Verarbeitung psychotischer Ängste, eine Annahme, die durch die EEG-Befunde gestützt wird. Eine wesentliche Grundstörung der Schizophrenie kann in der hohen Aktualisierungsbereitschaft und Vulnerabilität (Zubin und Spring 1977; Zubin und Steinhauer 1981) speziell des Angstsystems, aber auch des Aggression/Schmerzsystems und des Hunger- (Interesse-)Systems gesehen werden (s. dazu auch Machleidt 1992a, 1992b). Alle drei Affektsysteme sind an den schizophrenen Symptombildungen beteiligt und bedingen ihre große Vielfalt. Die neurophysiologische Identifikation der beteiligten Affekt- und kognitiven Systeme bedarf der Ergänzung auf der Neurotransmitterebene und der Objektivierung mit funktionsdarstellenden Verfahren wie dem SPECT, PET u.a. Methoden.

Die Verbindung von psychopathologischer Forschung mit biologischer Grundlagenforschung kann wichtige Erkenntnisse über die emotionelle Architektur der »Psyche« vermitteln. Diese sind ein Schlüssel zum besseren Verständnis der Normalpsychologie des Menschen und der emotionellen Veränderungen, die psychischem Kranksein bei Neurosen und funktionellen Psychosen zugrundeliegen. Nicht zuletzt läßt dieses Wissen neue Anstöße für die Therapie erwarten.

Literatur

Berger H (1931) Über das Elektrenkephalogramm des Menschen. Dritte Mitteilung. Arch Psychiatr 94: 16–60

Blankenburg W (1983) In: Peters UH (Hrsg) Psychiatrie, Bd. 1, Psychologie des 20. Jahrhunderts. Beltz, Weinheim

Bleuler E, Bleuler M (1983) Lehrbuch der Psychiatrie, 15. Aufl. Springer, Heidelberg New York Tokio, pp 474

Brüggenwerth G, Gutjahr L, Uulka Th, Hinrichs H, Machleidt W (1991) Die Wirkungen der Musik auf die EEG-Grundaktivität. Proc. First Int. Hans-Berger-Symposium »New Ways in Quantitative EEG Analysis und Clinical Use«. Jena 11th–13th June

Ciompi L (1982) Affektlogik. Über die Struktur der Psyche und ihre Entwicklung. Ein Beitrag zur Schizophrenieforschung. Klett-, Cotta, Stuttgart

Ciompi L (1986) Zur Integration von Fühlen und Denken im Licht der »Affektlogik«. Die Psyche als Teil des autopoetischen Systems. In: Kisker KP, Lauter H, Meyer JE, Müller E. Strömgren E (Hrsg) Psychiatrie der Gegenwart, Bd. 1. Springer, Berlin Heidelberg New York Tokio, pp 373–410

Ciompi L (1988) Außenwelt – Innenwelt. Die Entstehung von Zeit, Raum und psychischen Strukturen. Vandenhoek und Ruprecht, Göttingen

Davidson RJ (1988) EEG measures of celebral asymmetry: conceptual and methodological issues. Intern J Neurosci 39: 71–89

Davitz JR (1969) The language of emotion. Personality und psychopathology, Bd. 6. Academic Press, New York

Debus St, Machleidt W (1990) EEG-dynamic in basic emotions and regression. Clin Neurophys 20:47

Debus St, Machleidt W (1990) EEG-Dynamik bei Aggression, Trauer und regressiver Trauer. Zentrbl Neurol Psychiat 255 (3–4), 212

Debus St, Machleidt, W Hinrichs H (1993) EEG-characteristics with respect to sorrow and joy. In: Maurer K (ed) Imaging of the brain in psychiatry and related fields. Springer, Berlin (i.p.)

Dilling H, Rosefeldt H, Kockott G, Heyse H (1971) Verhaltenstherapie bei Phobie, Zwangsneurosen, sexuellen Störungen und Süchten. Fortschr Neurol Psychiat 39: 293–343

Ekman P (1988) Die Emotionen des Menschen. Jungfermann, Osnabrück

Freud S (1975) Jenseits des Lustprinzips (1920). Studienausgabe Bd. III. Fischer, Stuttgart, pp 268

Gutjahr L (1990) Persönliche Mitteilung

Hinrichs H, Machleidt W (1992) Basic emotions reflect in EEG-coherences. Int J Psychophysiol 13:225–232

Izard CE (1981) Die Emotionen des Menschen. Beltz, Weinheim Basel

Koukkou-Lehmann M (1987) Hirnmechanismen normalen und schizophrenen Denkens. Springer, Berlin Heidelberg New York London Tokyo

Koukkou-Lehmann M, Merlo M (1993) EEG-Korrelate der Fluktuation affektiver Symptomatik bei schizoaffektiven Psychosen. In: Peters UH, Schifferdecker M,

Krahl A (Hrsg) 150 Jahre Psychiatrie – Eine vielgestaltige Psychiatrie für die Welt von morgen. Martini, Köln (i.D.)

Leonhard K (1966) Aufteilung der endogenen Psychosen, 3. Aufl. Akademie, Berlin

Lungwitz H (1925) Die Entdeckung der Seele. Allgemeine Psychobiologie. De Gruyter, Berlin 1947

Lungwitz H (1970) Lehrbuch der Psychobiologie, Bd. 1, 2. Aufl. Hans-Lungwitz-Stiftung, Berlin

Machleidt W, Gutjahr L, Mügge A, Hinrichs H (1987) Systematisierung affektiver Verläufe mit der EEG-Spektralanalyse. In: Weinmann HM (Hrsg) Zugang zum Verständnis höherer Hirnfunktionen durch das EEG. W. Zuckschwerdt, München Bern Wien San Francisco, pp 108–127

Machleidt W, Gutjahr L, Mügge A, Hinrichs H, Künkel H (1988) Evaluation of normal depressive episodes with spectral EEG-analysis. Res Comm Psychol Psychiat Behav 13: 123–127

Machleidt W, Gutjahr L, Mügge A (1989) Grundgefühle. Phänomenologie, Psychodynamik, EEG-Spektralanalytik. Springer, Heidelberg Berlin New York Tokio

Machleidt W, Gutjahr L, Mügge A (1989) EEG-Muster der Grundgefühle. Grundlagen einer neuen Emotionstheorie. TW Neurol Psychiat 3: 57–72

Machleidt W (1991) Dynamik emotioneller Abläufe bei Epilepsiekranken. Fortschr Neurol Psychiat 59: 216–227

Machleidt W (1992) Gefühle und Affekte und ihr Bezug zu den funktionellen Psychosen. TW Neurol Psychiat 6: 147–156

Machleidt W (1992) Typologie of functional psychoses – An new model on basic emotions. In: Ferro FP, Haynal AE, Sartorius N (eds) Schizophrenia and affective psychoses. Nosology in contemporary psychiatriy. John Libbey CIC, Roma, pp 97–104

Maturana U (1992) Baum der Erkenntnis. Goldmann, Frankfurt

Peters UH (1984)Emotionspsychosen. In: Freedman AM, Kaplan HL, Sadock BJ, Peters UH (Hrsg) Psychiatrie in Praxis und Klinik Bd. 1. Thieme, Stuttgart New York, pp 306–315

Schneider K (1987) Klinische Psychopathologie, 13. Aufl. Thieme. Stuttgart

Tucker DM (1984) Lateral brain function in normal and disordered emotion: Interpreting electroencephalographic evidence. Biol Psychologie 19: 219–235

Wolf K (1992) Theorie der Gefühle. Ein systemisch-konstruktivistischer Ansatz. Unveröffentlichtes Manuskript

Wolf K, Machleidt W (1993) Der Spiralprozeß der fünf Grundgefühle als Autopoiese des Psychischen Systems. Z System Ther 2: 72–83

Zubin J, Steinhauer SR (1981) How to break the logjam in schizophrenia: from chronicity to vulverability. Psychol Med 13: 551–571

Zur Psychopathologie der Depression

Die Vielfalt der Syndrome

von
Ehrig Lange

Beim ersten dieser bisher zwei speziellen Symposien – das ist zwei Jahre her – haben wir versucht, unter Bezugnahme auf das depressive Achsensyndrom nach *Berner* die besondere Qualität depressiver Syndrome herauszustellen, mit denen die klinische Entität »psychotische Depression« gekennzeichnet ist. Es galt herauszuarbeiten, was über die je besondere psychopathologische Ausformung eben für die Psychose, die wir Depression nennen und die uns am sichersten gegenübertritt als depressive Phase einer bipolaren Zyklothymie, gemeinsames, verbindendes Basispotential darstellt.

Orientiert wurde dabei auf:
- Reduzierung bis Verlust des Antriebs bzw. leere, von Angst getriebene Antriebslockerung
- Reduzierung bis Verlust der emotionalen Erlebensfähigkeit bis hin zur erlebten Freudlosigkeit oder dem Nicht-fröhlich- und ebenso Nicht-traurig-sein-Können
- Negative Befindlichkeit mit erhöhter vegetativer Affizierbarkeit und hypochondrischer Verarbeitung
- Verschiebung zum negativen Pol der Lust-Unlust-Ebene
- Reduzierung bis Verlust des natürlichen Appetenzverhaltens
- Reduzierung bis Verlust natürlicher biologischer Rhythmen und Ausbildung pathologischer Rhythmen.

Die Notwendigkeit einer solchen oder ähnlichen Umgrenzung des psychotischen Depressionsbegriffes für die Kriterien seiner diagnostischen Bestimmung hielten und halten wir weiterhin für dringend erforderlich in Anbetracht des Umstandes, daß im psychiatrischen Alltag wie in der psychiatrischen Depressionsforschung mit dem Begriff Depression so umgegangen wird, daß nur noch mit großem Vorbehalt Vergleichsfähigkeit gegeben ist. Ängstliche und traurige Verstimmungen – natürliche menschliche Reaktionsweisen – fließen in die »minor depression« ein. In abgefragten Interviews oder mit ausgefüllten Fragebögen erfaßte Befunde werden als »Depressivität« erklärt.
Immer mehr erscheint die Depression beim M. Alzheimer, beim M. Parkinson, zuletzt bei der Anorexia nervosa. Die pharmakogene Depression wird diagnostiziert, und dem süchtigen Verhalten bis hin zu dem, was pathologisches Spielen genannt wird, unterlegt man eine Depression. Wir stehen damit vor einer Situation, die uns sagt, daß etwas

bei solchen diagnostischen Zuordnungen nicht stimmen kann, und wissen zugleich, daß etwas daran zutrifft. Es stellt sich von daher die Frage, ob einzelne Glieder, Anteile oder Elemente, die den Krankheitszustand, den wir Depression nennen, kennzeichnen, auch in anderen, nicht-depressiven Krankheitsvorgängen bzw. pathogenetischen Zusammenhängen auftreten und eine Depression annehmen lassen bzw. vortäuschen: so der geschwächte Antrieb (auf den der betroffene Mensch doch nicht frohgemut reagieren kann, sondern traurig-bekümmert), die ängstliche Unruhe, die hypochondrische Ausformung vegetativer Erregung, die drückende Schwere der Wehmut, zwanghafte Bindungen an Ängste und Phobien, die innere Gefügelockerung mit sich freisetzenden Aggressionen oder suizidalen Impulsen.

Etwas naive Vorstellungen bestimmter Psychiatriebereiche, die biologische Psychiatrie genannt werden oder sich nennen, damit auch und besonders der Psychopharmaka-Forschungsbereich, aber ebenso die naive Erwartung der Psychiatrie selbst, richteten ihren Blick gebannt auf das große Ziel hirnbiochemischer Entsprechungen bestimmter psychischer Krankheitsentitäten. Eine solche Haltung nährte die Hoffnung auf endliche Naturwissenschaftlichkeit der Psychiatrie und nahm ein Folgeergebnis voraus, nämlich daß dann die Psychopathologie überflüssig werde. Wozu sollte man noch mit verstehendem Zugang das beschreiben, was durch Laborergebnisse bestimmt war.

Solchen Erwartungen mußte eine Enttäuschung folgen, denn nach allem, was bisher in diesem Forschungsbereich an wichtigen Erkenntnissen erbracht werden konnte, wird deutlich, daß einfache lineare Beziehungen zwischen meßbarer biologischer Normabweichung und bestimmter Psychose nicht bestehen. Es wird jeweils ein Glied einer pathologischen Verkettung erfaßt, das möglicherweise bei einem ätiologisch anderen Krankheitsbefund in gleicher Weise betroffen ist, und offenbar wirken mehrere hirnbiochemische Funktionsabweichungen miteinander oder gegeneinander. Die Meinung, daß mit zunehmender Erkenntnis über biologische Besonderheiten psychischer Krankheitszustände biologische Marker erreicht werden, mit denen die psychopathologische Beschreibung, Erfassung und Differenzierung überflüssig werde, war und ist irrig. Psychopathologie wird umso notwendiger, je mehr erkennbar wird, daß biologische Befunde psychopathologische Entsprechungen haben und daß von daher psychopharmakotherapeutische Einwirkung psychopathologisch syndrombezogen ist. Im Anfang der Psychopharmaka-Ära sprachen wir davon, daß Zielsymptome, »target symptoms« anzuvisieren sind. Die Zielstellung vom psychopathologischen Symptom zur psychotischen Entität erschien logisch, ist aber zu weit gegriffen.

Wenn wir uns noch immer und erneut intensiv mit der Psychopathologie zu beschäftigen haben, dann nicht um einer feinsinnigen, ausdrucksvollen Beschreibung willen, sondern mit dem Ziel einer vergleichsfähigen Umschreibung eines speziellen klinischen Zustands, den wir in kennzeichnender Weise beim psychotisch depressiv Erkrankten vorfinden, aber auch in gleichem Maße oder in verdünnter Form bei anderen psychisch Kranken. *Heinroth* stellte den asthenischen Depressionsbegriff der Melancholie gegenüber. *Griesinger* differenzierte psychische Schwäche-, Exaltations- und Depressionszustände. Sprach *Kraepelin* 1889 noch von Melancholia periodica, auch vom »depressiven Wahn«, so faßte er schließlich alle melancholischen und depressiven Zustände mit trauriger oder ängstlicher Verstimmung als Depressionen zusammen, als Teil des manisch-depressiven Irreseins. Vorher war eine Vielfalt melancholischer Erscheinungsformen benannt worden. Man sprach von

Melancholia agitata
Melancholia anaesthetica
Melancholia anxina
Melancholia attonica
Melancholia convulsiva
Melancholia errabunda
Melancholia erotica
Melancholia flatulosa
Melancholia hypochondricas
Melancholia involutiva
Melancholia metamorphosis
Melancholia misanthropica
Melancholia nostalgica
Melancholia paranoides
Melancholia religiosa
Melancholia simplex
Melancholia stupica

Über manche dieser diagnostischen Attribute mögen wir schmunzeln. Mit Prägung des Depressionsbegriffes durch *Kraepelin* war aber kein Punkt gesetzt, kein Stopschild für erneute, auffächernde Benennungen. Was überwunden schien, trat mit neuen Beziehungen hervor, und so sind beschrieben:

die stille Depression
die agitierte Depression
die ängstlich-gehemmte Depression
die ängstlich-agitierte Depression
die anaklitische Depression
die anankastische Depression
die hypochondrische Depression
die hysterische Depression
die jammerige Depression
die reizbare Depression
die paranoide Depression
die vegetative Depression
die vitale Depression

Hinzukommen nach *Leonhard* neben eine reinen Melancholie die gehetzte Depression, die selbstquälerische, die argwöhnische und die teilnahmsarme. Und wenn keine Worte das angenommene depressive Erleben benennen können, dann sprach man sogar von der depressio sine depressione.

Die offensichtliche Vielfalt depressiv-psychotischen In-Erscheinungs-Tretens schuf in bemerkenswerter Einfalt immer neue Beschreibungen. Da offenbar darin Übereinstimmung bestand, daß solche – wir möchten sagen – horizontale Auffächerungen nicht weiterführen, hat die ICD 10 die Depressionen unter den Oberbegriff der affektiven Störungen gestellt, sie in leichtgradige, mittelgradige und schwere Episoden abgegrenzt. Es wird ausführlich die depressive pathologische Grundstruktur in Analogie zum depressiven Achsensyndrom beschrieben. Als chronisch-depressive Verstimmung wird die Dysthymie genannt, und man spricht von einer »gemischten affektiven Episode«, bei der manische und depressive« Syndrome in schnellem Wechsel aufeinander folgen oder im Sinne des *Bernerschen* zyklothymen Mischbildes ineinander verwoben sind. Diese Festlegungen weisen eine strukturelle Ordnung auf, wollen wohl auch nicht mehr.

Sofern sich differenzierende Psychopathologie nur über die Festlegung der affektiven Störung hinaus in einer etikettierenden Beschreibung erschöpfen sollte, stünde ernsthaft der Sinn solcher erneuter Auffächerung in Frage. Zum dritten Mal in der Geschichte der Psychiatrie entstünde vor uns das Bild bunter Vielfalt, das die Fülle psychischer Betroffenheit mit vielseitigen inneren Bewegungen widerspiegelt, das aber nur dann einen weiterführenden Sinn hat, wenn es uns hilft, das einheitliche Ganze der Depression, die Totalität des erkrankten Menschen als Dimension des einmaligen Individuums besser zu erfassen und – dann wohl im wesentlichen psychotherapeutisch wirksam werden zu lassen. Wir meinen aber, daß sich uns und der zukünftigen Psychiatrieforschung ein anderer Weg mit einer anderen Aufgabenstellung aufdrängt, der Psychopathologie und biologische Psychiatrie so zusammenbringen könnte, daß beide letztlich nur je die andere Seite einer Medaille sind. Die Ausgangsposition solcher Erwägungen ist nicht neu, und es ist auch nicht so, daß das nicht schon hier oder dort geschähe. Ein systematischer Durchbruch aber in dieser Richtung ist noch nicht erreicht. Um verständlicher zu werden, soll auf eine Feststellung von *Weitbrecht* aus dem Jahre 1957 verwiesen werden, aus einer Abhandlung zur Frage der Spezifität psychopathologischer Symptome:

»Mit *Kraepelin* wollen wir durchaus an der grundsätzlichen Verschiedenheit der Krankheitsvorgänge selbst festhalten. Zugleich aber bestätigt uns die Beschäftigung mit der Frage nach der Spezifität psychopathologischer Symptome die Auffassung *Kraepelins*, daß zahlreiche Äußerungsformen des Irreseins durch vorgebildete Einrichtungen des menschlichen Organismus festgelegt sein können, abgesehen von den die Bilder beeinflussenden, rein persönlichen Eigenschaften, so daß wir also genötigt seien, die Annahme, daß diese oder jene Störung für einen bestimmten Krankheitszustand kennzeichnend sei, auf das Äußerste einzuschränken.«

Es hat sich seit langem herausgestellt, daß bestimmte Syndrome, die in besonderem Maße das Erscheinungsbild der Depression bestimmen, gelegentlich – und offensichtlich gar nicht so selten – auch generell oder nur vorübergehend bei nicht-depressiven Psychosen sowie im Zusammenhang mit verschiedenen Hirnerkrankungen auftreten, so die ängstliche Erregung, die traurige Verstimmung, die inhaltsleere Agitiertheit des Denkens und der Motorik, die mißmutig-gereizte Dysphorie, die matt-apathische Dysthymie, die erlahmende Antriebsschwäche, die hypochondrische Abwandlung vegetativer Irritationen, Passivität, Selbstverweigerung und Stupor, paranoide Reagibilität. Aggressivität und autoaggressive Gefährdung u.a. Nicht neue, exzellent beschriebene Diagnosen werden gefordert, sondern eine neue Sicht für nosologisch/ätiologisch übergreifende psychopathologische Syndrome oder Elemente. Das wird Auswirkungen haben auf den Einsatz der Psychopharmaka, vielleicht auch auf deren Bezeichnung. Anfänglich sprachen wir von Neuroleptika und Thymoleptika. Diese Bezeichnungen mögen ungenau gewesen sein, Grobbestimmungen, aber die klinische Psychiatrie wußte um die Wirkungspotentiale. Die Thymoleptika wurden zu Antidepressiva, weil sie primär zur Behandlung der Depressionen zum Einsatz kamen. Glücklicherweise sind Medikamente, die bevorzugt bei Manie, Schizophrenie oder Paranoia eingesetzt werden, nicht als Antimaniaka, Antischizophreniaka oder Antiparanoika benannt worden. Solche Bezeichnungen verführen dazu, daß der Einsatz der Mittel mit nosologischer Bestimmung unzulässig eingeengt wird.

Die Vielfalt der psychopathologischen Syndrome bei depressiv Erkrankten wird bleiben, und je nach Gestaltung und Färbung werden diese kennzeichnenden Attribute erhalten. Wir werden auch Wert darauf legen müssen, sie sauber zu beschreiben. Das gehört zum psychiatrischen Handwerk, besser gesagt zur psychiatrischen Kunst, und ist nicht Narzißmus der Psychopathologen. Psychopathologische Festlegungen sind in der Begegnung mit dem Kranken in vorstehendem Zugang zu erarbeiten, erfahren im Mitfühlen und Mitleiden, bewertet in ergriffener Distanz. Das setzt eine besondere Qualität der Mitmenschlichkeit voraus.

Psychopathologie der Depression ist nicht reichhaltiges Vokabular mit vielen Tautologien, und auch nicht gepflegte Tastatur der psychiatrischen Artistik. Mit empathischer Zuwendung erkundet Erfahrenes, mit der Intuition des Kundigen ausgelotet, damit Erfahrungswissen begründend, erweist sich die Psychopathologie als eines, ein wichtiges, der Instrumente des psychiatrischen Alltags wie der psychiatrischen Wissenschaft. Die Erfassung eines psychopathologischen Syndroms erfordert Zuwendung mit Zuhören und Mitfühlen, das Andere, Fremde sich erfahrend zu eigen machen. Im Grenzbereich von Lyrik und Psychopathologie findet sich hierfür Beispielhaftes:

Ob aus mitmenschlicher Nähe gewonnen, ob als Resultat tiefer Selbstreflexion eröffnet uns der Nichtpsychiater Eduard Mörike den Grenzbereich zwischen schwermütiger Verstimmung und psychotischer depressiver Abwandlung stiller Wehmut in melancholischer Depression. Die quälende Schlaflosigkeit, die besonders dieser Form wie vielen anderen Depressionen eigen ist, benennt oder erlebt er mit den Worten:

»Kein Schlaf noch trübt das Auge mir.
Dort gehet schon der Tag herfür
An meinem Kammerfenster.
Es wühlet mein verstörter Sinn
Noch zwischen Zweifeln her und hin
Und schaffet Nachtgespenster«.

Und kennzeichnenderweise spricht der Dichter nicht von der grausigen schlaflosen Nacht, sondern das Gedicht trägt die Überschrift »In der Früh«, psychiatrisch gesprochen »im Morgentief«. Das namenlose Unglücklichsein des melancholisch Erkrankten erfahren wir aus seinem Gedicht »Verborgenheit«, also aus der Urbergung des Menschen heraus, alleineingelassen und alleinsein wollend, mit Selbstverweigerung menschliche Zuwendung ablehnend:

»Laß, o Welt, o laß mich sein.
Locket nicht mit Liebesgaben.
Laß dies Herz alleine haben
Seine Wonne, seine Pein.
Was ich traure, weiß ich nicht.
Es ist ein unbekanntes Wehe.
Immerdar durch Tränen sehe
Ich der Sonne liebes Licht«.

Und schließlich ein typisches Element melancholischen Erlebens: die bunte, frohe Gegenwart wird nicht als solche erlebt, sondern abgewandelt in schwarze, traurige Zukunft, ausgerichtet auf den Tod, aber nicht im Memento mori des Totensonntags, sondern in die Gegenwart hineinprojiziert:

»Ein Tännlein grünet wo,
Wer weiß, im Walde.
Ein Rosenstrauch, wer sagt,
In welchem Garten?
Sie sind erlesen schon,
Denk es, o Seele,
An deinem Grab zu wurzeln und zu wachsen.

Zwei schwarze Rößlein weiden
Auf der Wiese.
Sie kehren heim zur Stadt
In muntern Sprüngen.

Sie werden schrittweis gehn
Mit deiner Leiche.

Vielleicht, vielleicht noch eh
An ihren Hufen
Das Eisen los wird,
Das ich blitzen sehe.«

Ich stelle anheim, ob meine letzten Hinweise mit Blick auf die Wiedergabe besonderen inneren Erlebens durch Mörike als wissenschaftliche Alterstorheit oder als psychiatrische Altersweisheit zu werten sind. War es töricht, dann wird um Nachsicht gebeten. War es Weisheit, dann bewahren wir es in unseren Herzen.

Literatur beim Verfasser.

Pathophysiologie der Angst

von
Friedrich Strian

Einleitung

Angst läßt sich als Alarm- und Aktivierungsreaktion auf Bedrohungen verstehen, womit die zugrundeliegenden Gefahren kurz- und langfristig besser
bewältigt werden können. Angst impliziert daher zumeist zwei sehr verschiedene Angstelemente, nämlich einerseits perzeptive und kognitive
Vorgänge (Bedrohungswahrnehmung und Bedrohungsvorstellung) und
andererseits die Alarm- oder Angstreaktion selbst (Strian 1983, 1988,
1990; Strian und Ploog 1988). Die Bedrohungseinschätzung bezieht sich
dabei vorwiegend auf kortikale Hirnstrukturen, die Bedrohungsreaktion
dagegen auf subkortikale, im weitesten Sinne limbische und speziell
mediobasale Schläfenlappenstrukturen (Abbildung 1). Das Schema versucht ferner, die grundsätzlich verschiedenen Auslösebedingungen von
Angst zu skizzieren. In der Regel wird Angst über perzeptive und kognitive

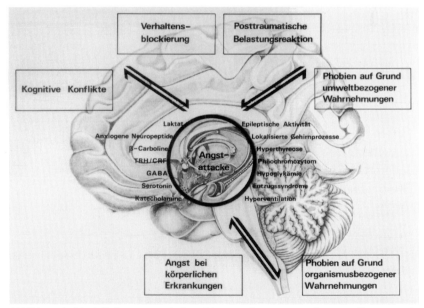

Abbildung 1. Modell der perzeptiv-kognitiven und spontanen Angstauslösung sowie
ihrer Wechselwirkungen bei klinischen Angstsyndromen (aus Hippius H, Ackenheil
M, Engel RR (1988) Angst. Springer, Berlin, p 8).

59

Mechanismen ausgelöst (»der äußere Angstkreis stößt den inneren Angstkreis an«), es gibt aber auch den stets pathologischen Weg der spontanen Angstinduktion bei einer Störung der Angststrukturen selbst (Angstauslösung ohne perzeptive und kognitive Mechanismen bei hirnorganischen Prozessen in limbischen oder temporalen Hirnregionen). Pathologische Angst kann somit durch drei Bedingungen entstehen, nämlich

1. Unangemessene Bedrohungseinschätzung (z.B. Phobien)
2. Störung der Alarm- oder Angststrukturen selbst (z.B. epileptische Angstanfälle, möglicherweise auch manche Panikattacken) und
3. Fehlende Adaptation und/oder Sensivierung der Angststrukturen bei primär durchaus angemessener Angstreaktion (z.B. posttraumatisches Streßsyndrom, PTSD) (Strian und Hartl 1988; Strian und Ploog 1992).

Die unterschiedlichen pathogenetischen Mechanismen bei diesen verschiedenen Angstformen sollen im folgenden an einigen klinischen Angstformen, nämlich an epileptischen Angstanfällen, Panikattacken, Herzangstsyndromen und PTSD diskutiert werden.

Die neurologische Angstvariante: der hirnorganische, epileptische Angstanfall

Schon seit 100 Jahren, nämlich seit *Hughley Jackson*, ist Angst als unmittelbares Anfallsymptom und gelegentlich auch als Reaktion auf bestimmte Anfallserlebnisse (etwa Mikro- und Makropsien, Zeitraffer- und Zeitdeh-

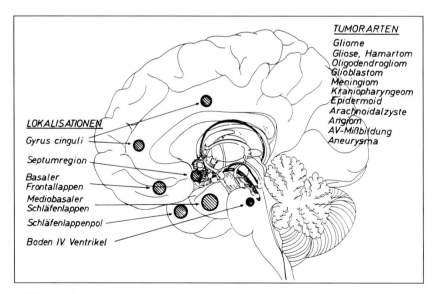

Abbildung 2. Zerebrale Prozesse mit Angstanfällen auf Grund kasuistischer Mitteilungen in der Literatur.

nungsphänomene, räumliche Orientierungsverluste usw.) bekannt. Im ersten Fall stellt die Angst (z.B. als Angstaura) ein paroxysmal auftretendes Symptom wie jede andere motorische oder psychische Anfallsmanifestation dar (Strian und Rabe 1982; Strian 1992a, b) (vgl. Beitrag *Wolf*).

In Hinblick auf die Pathophysiologie von Angst bei zerebralen Prozessen läßt sich dabei aufgrund der in der Literatur mitgeteilten kasuistischen Beobachtungen die Schlußfolgerung ziehen, daß einerseits zwar sehr unterschiedliche Gehirnprozesse Angstsymptome hervorrufen können (bei Tumoren z.B. Gliome, Meningiome, Hämangiome, Zysten – Abbildung 2), die Art der zugrundeliegenden Prozesse also nicht ausschlaggebend ist, andererseits aber die Lokalisation solcher Prozesse eine durchaus bedeutsame Rolle spielt, da Angstsymptome praktisch nur bei zerebralen Prozessen limbischer und mediobasaler Schläfenlappenstrukturen, dagegen nicht der Hirnrinde, vorkommen. Erwähnenswert ist ferner, daß einige kasuistische Mitteilungen eine weitgehend identische Symptomatik epileptischer Angstanfälle und der nach DSM-III-R definierten Panikanfälle ermittelten.

Der Nachweis unmittelbarer elektrophysiologischer Korrelate von Angstanfällen ist jedoch dadurch erschwert, daß eine abnorme Aktivität in limbischen oder mediobasalen Schläfenlappenstrukturen im Oberflächen-EEG zumeist nicht erfaßt werden kann, und spezielle Techniken, wie z.B. Sphenoidal- und Foramen-ovale-Ableitung, oder Dipollokalisation mit Hilfe der Magnetenzephalographie, notwendig sind (Abbildung 3). Die einem Angstanfall unmittelbar zugrundeliegende pathologische Aktivität und deren topographische Verteilung kann letztlich nur mit einer Tiefenelektrodenableitung erfaßt werden, die jedoch nur in bestimmten Indikationen, wie z.B. präoperativer Diagnostik, legitimiert ist. Eine Reihe unter dieser

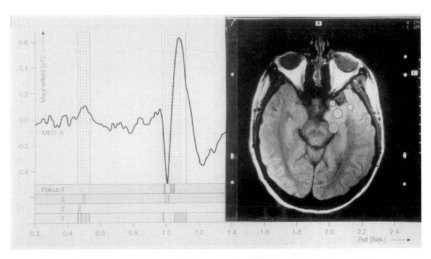

Abbildung 3. Temporale Dipollokalisationen mit Hilfe des Magnetenzephalogramms, eingezeichnet in eine axiale Ebene des Kernspintomogramms; aus: Hellstrand (1992).

Indikation durchgeführter Tiefenelektrodenableitungen zeigt, daß ein vom mediobasalen Schläfenlappen ausgehender Anfall häufig mit Angst verbunden ist. Die Angstaura mündet dann im allgemeinen in einen psychomotorischen Anfall. Besonders das laterale Kerngebiet des Mandelkerns spielt eine herausragende Rolle für die Bildung konditionierter emotionaler Reaktionen (LeDoux 1992; Phillips und LeDoux 1992). Bei Unterbrechung thalamo-amygdalärer oder thalamo-kortiko-amygdalärer Projektionen kann diese konditionierte emotionale Reaktion unterbunden werden. Dies bedeutet jedoch keineswegs, daß Angst etwa ausschließlich bei Mandelkernstörungen zustande kommt. Mit Hilfe des Stereo-EEGs konnte ferner gezeigt werden, daß auch die Art der temporalen Erregungsausbreitung für die klinische Symptomatik psychomotorischer Anfälle und damit auch für das Auftreten von Angst bedeutsam ist. Bei einer Erregungsausbreitung über die limbischen Ringstrukturen und zur Gegenseite werden häufig Realitäts- und Bewußtseinsänderungen, bei temporo-polarer Ausbreitung häufig vegetative Symptome, wie etwa abrupte Herzfrequenzsprünge, beobachtet (Wieser 1983).

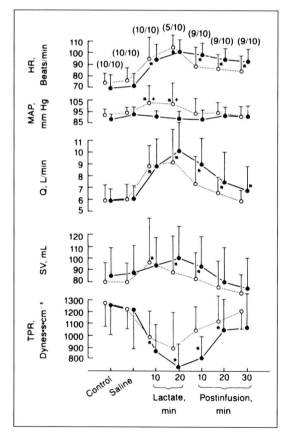

Abbildung 4. Herzfrequenz und kardiovaskuläre Indikatoren bei einer Panikattacke; aus: Gaffney et al. (1988).

Die psychiatrische Angstvariante: Panikattacke, Panikstörung, generalisiertes Angstsyndrom

Der Begriff der Angstneurose ist – ebenfalls nach rund 100 Jahren – durch die DSM-III-R-Begriffe der Panikattacke, der Panikstörung und des generalisierten Angstsyndroms ersetzt worden. Insbesondere die Definition der Panikattacken hat auch zu einem stark zunehmenden Interesse an der psychobiologischen Erforschung dieser psychiatrischen Variante der Angstanfälle geführt, da diese Angstanfälle auch mit einer Reihe pharmakologischer Substanzen experimentell provoziert und somit z.B. die vegetativen und endokrinen Reaktionen unter kontrollierten Laborbedingungen gemessen werden können. Bei Betrachtung der damit erzielten Ergebnisse in den vergangenen Jahren scheint sich allerdings eine unerwartete Diskrepanz abzuzeichnen. Panikattacken, die ja für den Patienten eine schwerste Beeinträchtigung und das subjektive Erleben einer tödlichen Bedrohung bedeuten und damit einen exzessiven Streßzustand vermuten lassen, zeigen im allgemeinen keine entsprechend exzessiven vegetativen und endokrinen Reaktionen (Abbildung 4). Bei einer leicht erhöhten Ruheherzfrequenz beträgt die Herzfrequenzbeschleunigung im allgemeinen 10–20% der Basiswerte – im Vergleich zu den Reaktionen auf exzessive psychophysische Belastungen (z.B. Ergometerbelastung, Erwartung eines Fallschirmabsprungs oder freie Rede bei Untrainierten) sind diese Reaktionen als eher diskret zu bezeichnen. Soweit Hormonausschüttungen (z.B. Kortisolausschüttung) bei Panikattacken überhaupt gemessen wurden, scheinen diese ebenfalls nicht exzessiv zu sein. Andererseits wurden bei Patienten mit Panikstörung langfristig endokrine Veränderungen festgestellt, die gewisse Analogien zu den bekannten Befunden bei endogener Depression aufweisen, wie z.B. peripherer Hyperkortisolismus bei gleichzeitig verminderter Antwort von ACTH auf CRH (Holsboer et al. 1987). Die Analogien beziehen sich also auf die Möglichkeit einer zentralen Entkoppelung der verschiedenen Hormonebenen. Die bislang wenig beachtete Diskrepanz in den psychovegetativen Reaktionen während der Panikattacken könnte nun darauf hinweisen, daß bei diesen Angstanfällen ein noch unbekannter Hemmechanismus die charakteristischen Streßreaktionen supprimiert, und gerade diese Hemmung könnte die subjektiv so beeinträchtigende Symptomatik der Panikattacken mitbedingen. Auch exzessive Streßreaktionen, z.B. bei sportlicher Aktivität, werden im allgemeinen ja eher angenehm erlebt und sind wohl eine bedeutsame Motivationsquelle.

Herzangstsyndrome

Ein klinisches Angstsyndrom, bei dem organismusinterne viszerale Wahrnehmungen eine wesentliche Rolle spielen, sind Herzangstsyndrome. Akute schwere Herzerkrankungen, wie z.B. akuter Myokardinfarkt, sind stets (sofern ein hypoxischer Schmerz wahrgenommen wird) mit starker Angst verbunden, die entsprechend auch mit Anxiolytika behandelt wird. Psychiatrisch bedeutsam sind die Herzangstsyndrome ohne hinreichend klärenden somatischen Befund im Sinne der früher sogenannten Herzphobie. Nach DSM-III-R gibt es auch den Begriff der Herzphobie nicht mehr, und die entsprechende Symptomatik wird nur noch als Subtyp der Panikstörung betrachtet. Möglicherweise stellt dies aber eine zu einseitige Sicht der Herzphobie dar, da bei dieser speziellen, herzfokussierten Angst nicht nur zentralnervöse, sondern auch viszeral-perzeptive Faktoren eine Rolle spielen dürften (Hartl et al. 1990; Hartl und Strian 1993; Strian 1993). Zu einer Vernachlässigung peripherer Faktoren haben vermutlich allerdings auch die negativen Ergebnisse zu dem vermuteten Zusammenhang zwischen Herzphobie und Mitralklappenprolapssyndrom beigetragen (Strian 1987). Beim Mitralklappenprolapssyndrom schließen die Mitralklappen nicht flächig, sondern nur randständig und können daher u.U. in der Diastole in den Vorhof zurückschlagen. Die beim Mitralklappenprolaps gehäuft vorkommenden, teilweise schwerwiegenden Arrhythmien (bis Lown-Grad IV) könnten daher über Stadien verstärkte Arrhythmiewahrnehmung und »Herzbewußtheit« schließlich zur herzphobischen Angst führen. Dieser Mechanismus scheint aber nur ausnahmsweise eine Rolle zu spielen. Umgekehrt ist aber vielfach belegt, daß die Wahrnehmung der Herzaktion selbst, insbesondere aber von kardialen Schmerzen, durchaus von großer klinischer Bedeutung sein kann. Dies zeigt sich beispielsweise bei jenen Patienten, bei denen aufgrund einer autonomen Neuropathie der Herznerven (vor allem beim Diabetes mellitus) die Wahrnehmung von Herzschlag und Arrhythmien beeinträchtigt oder aufgehoben ist und die gleichzeitig zumeist auch ein vermindertes kardiales Schmerzempfinden haben (Pauli et al. 1989, 1991c; Strian und Haslbeck 1986, 1993). Ähnlich wie bei anderen Bedingungen der sog. symptomatischen Angina pectoris und des stummen Myokardinfarkts sind diese Patienten daher durch inadäquate Belastungen erheblich gefährdet. Darüber hinaus konnte bei Patienten mit Herzphobie aber auch ein direkter Einfluß der kardialen

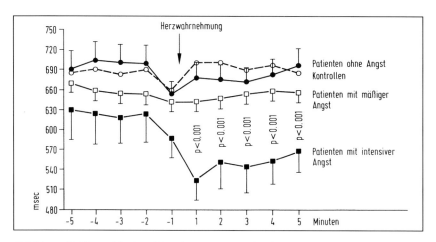

Abbildung 5. Herzschlagbeschleunigung und subjektive Angst bei einer Herzangstattacke (Interbeat-Intervalle); aus: Pauli et al. (1991b).

64

Wahrnehmung auf die akute Herzangst festgestellt werden. Dabei fand sich zwar ebenfalls nicht die vermutete Angstauslösung durch ventrikuläre Arrhythmien, jedoch war die Dauer der mit den Herzangstanfällen verbundenen Tachykardien unmittelbar mit der Angstintensität des herzphobischen Anfalls verbunden (Abbildung 5). Je stärker die Angst, desto länger persistierte die angstbezogene Tachykardie und umgekehrt (Pauli et al. 1991a, b). In diesem Zusammenhang erscheint auch bemerkenswert, daß Herzphobiker generell eine unsichere bis widersprüchliche Herzwahrnehmung und viele Fehleinschätzungen (false alarm rates) haben. Ähnlich wie in anderen Sinneskanälen scheint hier für diese widersprüchlichen Informationen kein plausibles »zentralnervöses Erklärungsmodell« vorzuliegen, so daß solche Mißempfindungen – ähnlich wie Geruchs-, Geschmacks- und Berührungsmißempfindungen – subjektiv stets negativ erlebt werden und leicht Angst auslösen können (Strian 1989). Schließlich ließe sich hier noch anfügen, daß akute zerebrale Erkrankungen häufig auch den Herzrhythmus beeinflussen, so daß z.B. QT-Verlängerung, paroxysmale Tachykardien und ventrikuläre Arrhythmien vorkommen. Darüber hinaus werden bei epileptischen Angstanfällen – im Gegensatz zu den Panik-attacken – auch abrupte und massive Herzfrequenzänderungen beobachtet. Deren subjektive Auswirkungen wurden bislang m.W. nicht untersucht.

Posttraumatisches Streßsyndrom (PTSD)

Aus einer neurobiologischen Perspektive stellt das posttraumatische Streßsyndrom jene Angstform dar, bei der die Angst zwar in notwendiger und keineswegs pathologischer Weise (über sensorische Perzeption) ausgelöst wird, die Angstreaktion auf diese exzessive Belastung aber nicht mehr adaptiert werden kann, vielmehr Symptome einer Sensitivierung von »Angststrukturen« aufzutreten scheinen (Kolb 1987; Pitman 1989; Pitman und Orr 1990; Strian und Ploog 1992).
Das posttraumatische Streßsyndrom in seiner schwersten und lebenslangen Form ist erstmals mit den psychischen Dauerschäden der Holocaust-Opfer in das psychiatrische Bewußtsein gerückt. An den Vietnam-Veteranen wurde dann deutlich, daß auch andere exzessive Belastungen zu ähnlichen psychischen Dauerschäden führen können. Erst in den letzten Jahren scheint aber akzeptiert zu werden, daß manche Menschen auch nach exzessiven kurzzeitigen Belastungen ein PTSD entwickeln. Diagnostisch werden nach DSM-III-R als Prämisse von PTSD gefordert die außergewöhnliche, jede übliche Erfahrung überschreitende und dabei lebensbedrohliche Belastungssituation und als Symptomatik einerseits das konkret-bildhafte, realistische und spontan einfallende Wiedererinnern der traumatischen Situation und andererseits eine erhöhte Angstbereitschaft, häufig auch rezidivierende Panikattacken sowie langfristig das Bild eines schweren psychophysischen Erschöpfungszustandes mit der Entwicklung vielfältiger Angstvermeidungen und Komorbidität (z.B. Depressionen und Zwänge, aber auch Alkohol- und Drogenabusus).

In den letzten beiden Dekaden ist eine große Anzahl von Mitteilungen und systematischen Studien zu PTSD nach Kriegen, terroristischer Verfolgung und individueller Gewalt, aber auch nach Natur- und Technikkatastrophen erfolgt (Tabelle I). Der Vergleich unterschiedlicher Belastungsbedingungen hat dabei deutlich gemacht, daß die schwersten und chronifizierenden Formen besonders dort anzutreffen sind, wo menschliche Gewalt als terroristische Verfolgung oder auch als mitmenschliche Isolation beteiligt ist. Erst in neuerer Zeit scheinen auch die psychischen Folgen nach individuellen Gewalttaten und Verbrechen eine breitere gesellschaftliche Anteilnahme zu gewinnen. Noch wenig beachtet werden die psychischen Folgen schwerster medizinischer Erkrankungen oder Komplikationen. Dies ist allerdings insoweit verständlich, als die dabei oft lebenserhaltenden somatischen Maßnahmen im Vordergrund stehen müssen und daher den Blick für psychische Auswirkungen verstellen können.

PTSD ist aus einer neurobiologischen Perspektive ein paradigmatisches Krankheitsbild, das auf vielfache Weise die Konsequenzen schwerer Bedrohungssituationen nicht nur im psychologischen Bereich, sondern auch ihre Manifestation bis in die neuronale Ebene hinein zeigt. Obwohl

Tabelle I. Psychiatrisch untersuchte PTSD-Belastungen.

---

1. Individuelle Gewalt
   Gewalt an Kindern, sexueller Mißbrauch, Vergewaltigung, Opfer anderer Gewalttaten, Augenzeugen von Gewaltverbrechen, Entführung

2. Kollektive Gewalt
   2. Weltkrieg, Korea-, Vietnam-, Libanon-, Falkland-, Kambodscha-Kriege, Bürgerkriege, staatlicher Terror, Geiselnahmen, 2. und 3. Generation der Holocaust- und Hiroshima-Opfer

3. Naturkatastrophen
   Erdbeben, Vulkanausbrüche, Dammbrüche, Großbrände, Blitzschlag

4. Technik-Katastrophen
   Verkehrsunfälle, U-Bahn-Brand, Flugzeug- und Helikopter-Unfälle, Schiffsunfälle, Nuklearunfälle, Chemie- und Elektrounfälle

5. Körperliche und psychische Belastungen
   Toxische Effekte, Opiatentzug, Anaphylaxie, Verbrennungen 3. Grades, Myokardinfarkt, schwerste Schmerzzustände, psychotisches Erleben

---

Auszug aus PTSD-Literatur; mod. nach Strian und Ploog (1992)

Tabelle II. Pathophysiologische Interpretation der PTSD-Symptome.

Akut: Produktive Symptomatik mit den Dimensionen traumatisches Wiedererinnern und Angst, Panik, Angstvermeidung (»Molekulares Angstgedächtnis/Angstkindling«)

Chronisch: Defizitäre Symptomatik mit den Dimensionen persistierender Übererregbarkeit und eines (hirnorganisch wirkenden) schwersten psychophysischen Erschöpfungssyndroms (»neurotoxische Langzeiteffekte«)

---

solche Beziehungen teilweise noch stark spekulativ erscheinen, bestehen so vielfältige Analogien, aber auch punktuelle Ergebnisse, daß Schlußfolgerungen, wie sie aufgrund der neurophysiologischen Untersuchungen bei Angst möglich sind, hier zumindest große Plausibilität haben. Das akute Bild der PTSD, das sich auch als produktive Symptomatik umreißen läßt, wird durch die Leitsymptome traumatisches Wiedererinnern sowie Angst und Angstanfälle charakterisiert (Tabelle II). Es sind dies – wie nach den neurophysiologischen Untersuchungen zu Angst nicht überraschend erscheint – aber gerade die beiden »Symptomachsen«, die sich als die beiden wichtigsten Symptombereiche auch bei stereotaktischer Schläfenlappenstimulation abzeichnen, nämlich als Gedächtnis- und Emotions- (bzw. Angst-)dimension (Wieser 1983). Die verselbständigten Symptome von Wiedererinnern und Angst, wie sie auf der Ebene des mediobasalen Schläfenlappens angetroffen werden, spiegeln sich also auch in der klinischen Phänomenologie der akuten PTSD-Symptomatik wieder.

Die von einem schwersten und chronifizierten psychophysischen Erschöpfungszustand geprägte chronische PTSD-Symptomatik wurde in vielen Berichten – insbesondere bei den Holocaust-Opfern und Vietnam-Veteranen – mit der Anmutung einer »hirnorganischen Leistungsschwäche« verglichen (Kluge 1958; Niederland 1964; Eitinger 1964; Ryn 1990). Das chronische PTSD-Syndrom mündet somit in eine eher defizitäre Symptomatik, und insoweit erscheint es auch naheliegend, hier zwar nicht ein sog. hirnorganisches Psychosyndrom, aber doch umschriebene mediobasale Schädigungsmechanismen zu vermuten, wie sie als neurotoxische Effekte bei langdauerndern neuronaler Überstimulation zunehmend bekannt und gesichert sind. Nachfolgend sollen daher einige neuronale Mechanismen skizziert werden, die bei PTSD und anderen Angsterkrankungen als denkbare Ursachen der klinischen Angstsensitivierung und Angstchronifizierung in Frage kommen.

Das »Molekulare Angstgedächtnis«

Im Rahmen einer spekulativen Synopsis, die sich von der behavioralen bis zur neuronalen Ebene erstreckt, soll aus der möglichen Bedeutung von mediobasalen Schläfenlappenstrukturen bezüglich akuter und chronischer Angstsymptome lediglich auf Hippokampusfunktionen Bezug genommen werden, so daß der Akzent eher auf perzeptive Angstelemente gesetzt ist. In Hinblick auf die Bedrohungswahrnehmung sind dabei zwei Besonderheiten des Hippokampus herauszuheben, die sich mit den Begriffen von Konvergenz und neuronaler Plastizität bzw. Erregungsverstärkung umreißen lassen (Watkins und Collingridge 1989; Storm-Mathisen 1990; Kozikowski 1991).

Konvergenz bezieht sich auf die Eigentümlichkeit, daß der Hippokampus von den Wahrnehmungs- und Assoziationsfeldern der Hirnrinde vorverarbeitete Informationen über den aktuellen Zustand der Außen- und Innenwelt und zugeordnete Informationen aus dem Gedächtnisspeicher der Hirnrinde erhält. Zudem besteht eine efferente Kontrolle über die vegetativen und endokrinen Zentren von Hypothalamus und Hypophyse. Stark vereinfacht kann der Hippokampus daher auch als Schnittstelle zwischen externer und interner, aktueller und vergangener (auch biographischer) sowie bestimmter afferenter und efferenter Funktionen betrachtet werden. In welcher Weise dies geschieht, ist Gegenstand der Forschung und anhaltender Diskussion. Der Hippokampus ist jedoch, wie früher vermutet, zweifelsohne nicht der Ort, in dem die Informationsselektion (z.B. zwischen neutraler und bedrohlicher Information oder gar die Informationsspeicherung selbst) erfolgen soll, vielmehr scheinen oszillatorische Vorgänge in fernab gelegenen Neuronenpopulationen der Hirnrinde beeinflußt zu werden (Miller 1991).

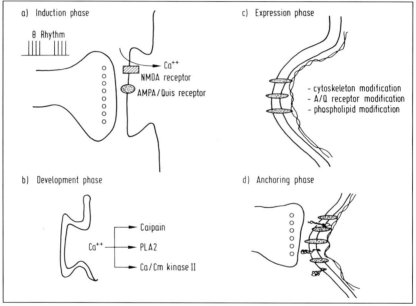

Abbildung 6. Integratives biochemisches Modell der »long-term potention« (LTP) mit elektrophysiologischen, zellulären und strukturellen Änderungen; aus: Baudry und Davis (1991).

Tabelle III. »Ebenen« abnormer Erregungsverstärkung bei pathologischer Angst (z.B. PTSD).

1. Postsynaptische Erregungsverstärkung: »elektrophysiologisches Kindling« (Beispiel: Angst-Anfälle)

2. Zelluläre Erregungsverstärkung: Aktivierung der zellulären Signalkaskade (Transkription/Translation) (Beispiel: traumatisches Wiedererinnern)

3. Neurotoxische Effekte: z.B. Überstimulation von NMDA- und Kortikoidrezeptoren (?) (Beispiel: hirnorganisch wirkendes, psychophysisches Erschöpfungssyndrom)

Die zweite Eigentümlichkeit, nämlich eine besondere neuronale Plastizität, bezieht sich auf die Hippokampusfunktion einer langfristigen Erregungsverstärkung, d.h. bestimmte Reizmuster oder Reizsequenzen führen zur sog. »long term potentiation« (LTP), die auch als Basis von Gedächtnis betrachtet wird (Baudry und Davies 1991). LTP ist auf drei Ebenen nachgewiesen, nämlich auf elektrophysiologischer, biochemischer und morphologischer Ebene. Elektrophysiologisch erfolgt LTP mit postsynaptischer Erregungsverstärkung, biochemisch mit Aktivierung der zellulären Signalkaskade (Transkriptions- und Translationsänderungen mit langfristiger Änderung der Membranerregbarkeit) und morphologisch mit verschiedenen Formen der Änderung dendritischer Spines und letztlich der Neubildung axodendritischer Verbindungen (Abbildung 6).

Konvergenz und LTP stellen somit einerseits basale Voraussetzungen für die Informationsselektion und die Informationsspeicherung, also für Gedächtnisbildung und damit die meisten höheren neuropsychologischen Funktionen, dar. Diese Eigentümlichkeiten können aber andererseits nach drei Richtungen hin pathogen »entgleisen« (Tabelle III):

1. Die Erregungsverstärkung kann eskalieren, außer Kontrolle geraten, was auch mit dem Begriff »Kindling« umrissen wird (von Wada 1990). Kindling stellt gewissermaßen eine entgleiste LTP dar. Kindling ist ein wichtiges Epilepsiemodell (PTSD: Angstanfall).
2. Durch LTP entsteht ein »zelluläres Angstgedächtnis«, das die Persistenz der klinischen Störungen erklären kann (PTSD: traumatisches Wiedererinnern).
3. Sensitivierungsprozesse (vermehrte Freisetzung exzitatorischer Aminosäuren, Hyperkortisolismus) können – zumindest nach tierexperimentellen Befunden – zelltoxische Effekte entfalten (Ascher 1991). Spekuliert werden solche zelltoxischen Effekte z.B. für den Hyperkortisolismus bei Alkoholkrankheit, hypoglykämischem Schock, körperlichen Extrembelastungen, aber auch bei endogener Depression (PTSD: hirnorganisch wirkendes chronisches Erschöpfungssyndrom).

Schlußbetrachtung

Sowohl die didaktischen Begriffe »Alarm- und Angststrukturen« wie ihre Zuordnung zu limbisch-temporalen Strukturen sind dahingehend zu relativieren, daß diese eher als Anpassungsfunktionen mit zwei divergierenden Polen, nämlich einerseits der Adaptation (»Vertrauensbildung«) und andererseits der Aversion (»Angst«) zu apostrophieren sind. Gleichviel, inwieweit sich die hier skizzierten, teils gesicherten, teils vermuteten Zusammenhänge zwischen klinischer Angstsymptomatik und neuronalen Mechanismen im einzelnen bestätigen lassen werden, erscheint doch außer Zweifel, daß keine Angst als rein psychologisches Problem verstanden werden kann, sondern daß sich jede Angst – wenn auch bei den verschiedenen Angstformen in unterschiedlicher Ausprägung – bis in die neuronalen Strukturen hinein erstreckt. Gerade diese neuronalen Lernmechanismen sind aber auch die Basis für das therapeutische Vorgehen, wobei die Persistenz der klinischen Symptome aus dem »molekularen Angstgedächtnis« verständlich wird.

Literatur

Ascher P, Choi DW, Christen Y (1991) Glutamate, cell death and memory. Springer, Berlin Heidelberg New York London Paris Tokyo Hong Kong Barcelona Budapest

Baudry M (1991) An integrated biochemical model for long-term potentiation. In: Baudry M, Davis JL (eds) Long-term potentiation. MIT Press, Cambridge Massachusetts London, pp 169–182

Baudry M, Davis JL (1991) Long-term potentiation. MIT Press, Cambridge Massachusetts London

Eitinger L (1964) Concentration camp survivors in Norway and Israel. Universitetsforlaget Oslo and Allen & Unwin, London

Gaffney FA, Fenton BJ, Lane LD, Lake CR (1988) Hemodynamic, ventilatory, and biochemical responses of panic patients and normal controls with sodium lactate infusion and spontaneous panic attacks. Arch Gen Psychiat 45:53–60

Hartl L, Nutzinger DO, Strian F (1990) The role of cardioception in anxiety disorders. In: Zapotoczky HG, Wenzel T (eds) The scientific dialogue: from basic research to clinical intervention. Swets & Zeitlinger, Amsterdam, pp 133–137

Hartl L, Strian F (1993) A clinical approach to cardiac perception. In: Vaitl D, Schandry R (eds) Interoception and cardiovascular processes. Springer, Berlin Heidelberg New York (in press)

Hellstrand E (1992) Magnetenzephalographie und Epilepsie. Electromedica 60:67–73

Holsboer F, Bardeleben U von, Buller R, Heuser I, Steiger A (1987) Stimulation response to corticotropin-releasing hormone (CRH) in patients with depression, alcoholism and panic disorder. Hormon Metab Res 19:80–88

Kluge E (1958) Über die Folgen schwerer Haftzeiten. Nervenarzt 29:462

Kolb LC (1987) A neuropsychological hypothesis explaining posttraumatic stress disorders. Am J Psychiat 144:989–995

Kozikowski AP (1991) Neurobiology of the NMDA receptor. VCH Verlagsges Weinheim

LeDoux JE (1992) Brain mechanisms of emotion and emotional learning. Curr Opin Neurobiol 2:191–197

Miller R (1991) Cortico-hippocampal interplay and the representation of contexts in the brain. Springer, Berlin Heidelberg New York London Paris Tokyo Hong Kong Barcelona

Niederland WG (1964) Psychiatric disorders among persecution victims. J Nerv Ment Dis 139:458–474

Pauli P, Strian F, Lautenbacher S, Karlbauer G, Hölzl R (1989) Emotionale Auswirkungen der autonomen Deafferentierung bei Diabetesneuropathie. Z Klin Psychol Psychother 18:268–277

Pauli P, Marquardt C, Hartl L, Nutzinger DO, Strian F (1991a) Kardiovaskuläre Faktoren der Herzphobie. Eine Felduntersuchung. Psychother Psychosom Med Psychol 41:429–436

Pauli P, Marquardt C, Hartl L, Nutzinger DO, Hölzl R, Strian F (1991b) Anxiety induced by cardiac perceptions in patients with panic attacks: a field study. Behav Res Ther 29:137–145

Pauli P, Hartl L, Marquardt C, Stalmann H, Strian F (1991c) Heartbeat and arrhythmia perception in diabetic autonomic neuropathy. Psychol Med 21:413–421

Phillips RG, LeDoux JE (1992) Differential contribution of amygdala and hippocampus to cued and contextual fear conditioning. Behav Neurosci 106:274–285

Pitman RK (1989) Post-traumatic stress disorder, hormones, and memory. Biol Psychiat 26:221–223

Pitman RK, Orr SP (1990) The black hole of trauma. Biol Psychiat 27:469–471

Ryn Z (1990) The evolution of mental disturbances in the concentration camp syndrome (KZ-Syndrom). Genet Soc Gen Psychol Monogr 116:23–36

Storm-Mathisen J, Zimmer J, Ottersen OP (1990) Understanding the brain through the hippocampus. Progr Brain Res 83. Elsevier Science Publ, Amsterdam New York Oxford

Strian F, Rabe F (1982) Epileptische Angstäquivalente. Nervenarzt 53:246–253

Strian F (1983) Angst – Grundlagen und Klinik. Springer, Berlin Heidelberg New York

Strian F, Haslbeck M (1986) Autonome Neuropathie bei Diabetes mellitus. Springer, Berlin Heidelberg New York Tokyo

Strian F (1987) Psychiatrische Aspekte des Mitralklappenprolaps-Syndroms. In: Nutzinger DO, Pfersmann D, Welan T, Zapotoczky HG (eds) Herzphobie. Enke, Stuttgart, pp 66–74

Strian F (1988) Zur Neuropsychophysiologie der Angst. In: Hippius H, Ackenheil M, Engel RR (eds) Angst – Leitsymptom psychiatrischer Erkrankungen. Springer, Berlin Heidelberg New York Tokyo, pp 3–11

Strian F, Hartl L (1988) Anxiety and sensitization – a neuropsychological approach. In: Hand I, Wittchen HU (eds) Panics and phobias. Springer, Berlin Heidelberg New York London Paris Tokyo, pp 186–192

Strian F, Ploog D (1988) Anxiety related to central nervous system dysfunction. In: Noyes R, Roth M, Burrows GD (eds) Handbook of anxiety, Vol. 2: Classification, etiological factors and associated disturbances. Elsevier Science Publ, Amsterdam, pp 431–475

Strian F (1989) Carbamazepin bei Panikattacken – theoretische Aspekte und Einzelfallbeobachtungen. In: Müller-Oerlinghausen B, Haas S, Stoll K-D (eds) Carbamazepin in der Psychiatrie. Thieme, Stuttgart

Strian F (1990) Biologische Grundlagen der Angstkrankheiten. Psychiatria Danubina 2:25–43

Strian F (1992a) Pathogenese psychischer Störungen – die paroxysmale Angst. In: Möller AA, Fröscher W (eds) Psychische Störungen bei Epilepsie. Thieme, Stuttgart New York, pp 11–17

Strian F (1992b) Angstsyndrome. In: Möller AA, Fröscher W (eds) Psychische Störungen bei Epilepsie. Thieme, Stuttgart New York, pp 50–54

Strian F (1993) Neuropsychological approach to cardiac anxiety. In: Vaitl D, Schandry R (eds) Interoception and cardiovascular processes. Springer, Berlin Heidelberg New York (in press)

Strian F, Haslbeck M (1993) Neurologische Erkrankungen bei Diabetes mellitus. In: Mehnert H, Schöfflin K (eds) Handbuch der Diabetologie. Thieme, Stuttgart New York (in press)

Strian F, Ploog D (1992) Post-traumatic stress disorder – neuronal damage from catastrophic events? In: Burrows GD, Roth M, Noyes Jr R (eds) Handbook of Anxiety. Elsevier Science Publ, Amsterdam, pp 365–385

Wada JA von (1990) Kindling. Vol 4. Plenum press, New York London

Watkins JC, Collingridge GL (1989) The NMDA receptor. Oxford University Press, Oxford New York Tokyo

Wieser HG (1983) Electroclinical features of the psychomotor seizures. Fischer, Stuttgart, Butterworths, London

Angst als Symptom von und Reaktion auf psychomotorische Anfälle

von

Peter Wolf

Die Literatur zum Thema Angst und Epilepsie ist umfangreich und unübersichtlich. *Betts* (1) unterschied acht Möglichkeiten des Zusammenhangs zwischen Angst und Epilepsie (Tabelle I). Aber auch wenn man sich auf die beiden im Titel genannten Situationen beschränkt, würde es den hier gegebenen Rahmen sprengen, eine umfassende Literaturübersicht geben zu wollen. Statt dessen werde ich versuchen, Ihnen verschiedene Aspekte dieser doppelten Thematik aufgrund meiner eigenen Erfahrungen am Beispiel einiger Krankengeschichten und Videodemonstrationen anschaulich zu machen und dabei nur sporadisch Literaturverweise zu geben.

Fall 1

An diesem Fall lassen sich besonders deutlich die diagnostischen Probleme aufzeigen, die sich im Zusammenhang mit dem Thema Angst bei Epilepsie ergeben können: Die 18 Jahre alte Patientin kommt zur Aufnahme wegen fast täglich auftretender, sehr angstbesetzter Anfälle. Bei ihr sind seit dem 9. Lebensjahr überwiegend nächtliche psychomotorische Anfälle mit Aufschrei und zum Teil langanhaltenden Verwirrtheiten bekannt. Ab dem 14. Lebensjahr tauchen Vermutungen über mögliche hysterische Anfälle auf, und inzwischen ist von einer Angstneurose die Rede. Es bestehen Zweifel, ob sie überhaupt noch epileptische Anfälle hat oder ob diese durch die Antiepileptika erfolgreich behandelt und rein psychogene Anfälle an ihre Stelle getreten sind.

Dieser Punkt ist rasch geklärt, weil einige psychomotorische Anfälle mit typischen Automatismen beobachtet werden. Auch im EEG findet sich ein entsprechender Hinweis, nämlich ein links temporo-präzentraler Herd-

Tabelle I. Mögliche Zusammenhänge zwischen Angst und Epilepsie; nach Betts.

1. Angstreaktion auf das Etikett »Epilepsie«
2. Angstreaktion auf die soziale und familiäre Stigmatisierung durch die Epilepsie
3. Prodromale Angst
4. Angst als Aura
5. Iktale Angst
6. Angst und Agitiertheit bei einer Epilepsie-Psychose
7. Echte phobische Angst in bezug auf den Anfall
8. Angst als Auslöser eines Anfalls

72

befund mit langsamen und scharfen Wellen. Schwieriger ist es mit der Angstsymptomatik. Zwar haben die psychomotorischen Anfälle eine Aura im Sinne einer kurzen, intensiven, inhaltslosen Angst. Aber die Ängste der Patientin beschränken sich nicht hierauf. Sie hat jeden Abend vor dem Einschlafen für ca. eine Stunde einen Angstzustand, der einer Erwartungsangst entsprechen könnte, weil ihre angstgetönten fokalen Anfälle in dieser Zeit fast allabendlich beim Einschlafen auftreten. Oder handelt es sich um eine dem eigentlichen Anfall vorausgehende Auren-Serie? Daß die Patientin beiderlei Angsterlebnisse als gleichartig erlebt, scheint für letztere Möglichkeit zu sprechen. Aber sind so häufige Aurenserien überhaupt vorstellbar? Außerdem gibt es auch tagsüber längere Angstzustände, laut Patientin wieder von den anderen nicht zu unterscheiden. Wir versuchen, diese Zustände im EEG zu erfassen, was mehrfach gelingt. Dabei sieht man manchmal nichts Auffälliges, in anderen Fällen jedoch eine linksseitige Kurvendepression – einer der möglichen iktalen Befunde im Oberflächen-EEG. Für die Patientin ist das Angsterleben in beiden Fällen das gleiche. Inzwischen hat eine Psychotherapie parallel zur antiepileptischen Neueinstellung begonnen, und die Patientin hat über einen langanhaltenden sexuellen Mißbrauch durch ihren Vater berichtet, den sie in ihren Angstzuständen häufig wieder durchlebe – aber das ist nicht nur das klassische Datum in der Vorgeschichte hysterischer Anfälle, sondern ein solches Wiedererleben angstvoller Erlebnisse kommt im Sinne eines »Erregungsfangs« auch bei epileptischen Auren vor.

Wir sind in diesem Falle pragmatisch vorgegangen, haben die Patientin einerseits psychotherapeutisch, andererseits mit Antiepileptika behandelt und ein Rehabilitationsprogramm eingefädelt. Darunter ist es auch in allen Bereichen zu einer deutlichen Besserung gekommen, aber symptomfrei ist die Patientin bis heute nicht, und den soeben geschilderten diagnostischen Knäuel haben wir nie entwirren können.

Ein solcher Ausgang ist nicht allzu häufig, und dieser Fall, an dem man die Problematik der Angst bei Epilepsie gut aufzeigen kann, ist insofern nicht ganz typisch. Das diagnostische Hauptproblem, daß die Patientin Angst in allen verschiedenen Situationen unterschiedslos gleich erlebte, trifft man selten – jedenfalls nicht in den frühen Stadien der Erkrankung.

In der Regel ist jedenfalls die iktale Angst, die Angst als direktes Symptom des Anfalls, gut als solche zu erkennen. Angst ist ein wohlbekanntes Symptom fokaler epileptischer Anfälle, laut *Gloor* (3) das häufigste affektive Anfallssymptom überhaupt. In der Internationalen Klassifikation epileptischer Anfälle (2) ist es eigens aufgeführt und wird folgendermaßen charakterisiert:

»Während eines Anfalls kann es zu äußerst angenehmen und unangenehmen Gefühlen kommen, zu Angst und schwerer Depression mit dem Gefühl der Wertlosigkeit und des Verworfenseins. Im Unterschied zu Depressionen bei psychiatrischen Erkrankungen treten diese Symptome in Anfällen von wenigen Minuten auf...Furcht oder Angst ist das häufigste Symptom; es setzt plötzlich und gewöhnlich unprovoziert ein und kann

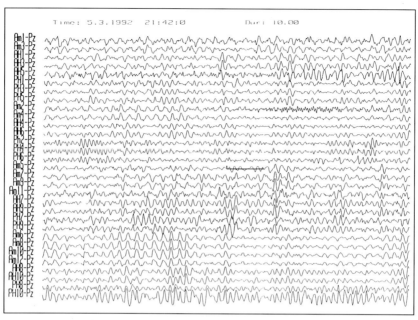

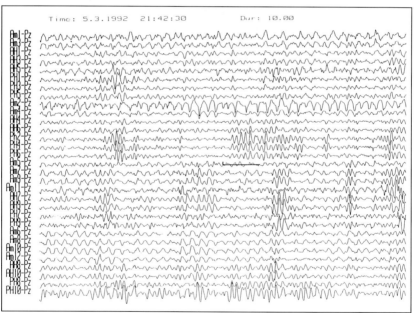

Abbildung 1. Angstaura im Stereo-EEG (Fall 3). Die Spitzen der Tiefenelektroden liegen in Amygdala (Am), anteriorem Hippokampus (AH) und posteriorem Hippokampus (PH). Von innen nach außen ansteigende Numerierung der Elektrodenkontakte. Gerade Zahlen rechts, ungerade links. Ableitung gegen Pz als Referenz.
Oben: Umschriebener Entladungsbeginn in der rechten Amygdala (Am 2).
Unten: 30 Sekunden später immer noch streng lokale Anfallsaktivität.

zum Weglaufen führen. Zusammen mit der Angst finden sich häufig objektive Symptome wie Pupillenerweiterung, Blässe, Erröten, Piloarrektion, Herzklopfen und Blutdruckanstieg«.

Bei dieser Beschreibung fehlen mir zwei wichtige Gesichtspunkte, und zwar einmal die häufige Verbindung eines Angstgefühls mit einer aufsteigenden epigastrischen Wahrnehmung in der epileptischen Aura und andererseits die Tatsache, daß die Patienten häufig die Angst zwar nicht beschreiben können, aber ohne Zögern den Ort angeben können, an dem sie sie verspüren, meistens den Kopf oder die Brust, seltener die Magengegend.

Bei fokalen Anfällen stellt sich immer die Frage, ob ein Symptom einen lokalisatorischen und lateralisierenden Hinweis darstellt. Einen Seitenhinweis gibt die Angst nicht, dafür aber einen eindeutigen lokalisatorischen Hinweis (Abbildung 1) auf den Temporallappen und das limbische System, besonders den Mandelkern (3).

Die Ausprägung einer iktalen Angst kann sehr stark variieren von einem schwer faßbaren Gefühl, das der Patient mehr oder weniger nur zur Kenntnis nimmt, bis zu einer Überwältigung durch heftige panikartige Angst, die in den drei folgenden Fällen durch Videoaufnahmen dokumentiert werden konnte.

Fall 2

Die 21jährige Patientin leidet seit einer Enzephalitis im Alter von elf Jahren an fokal eingeleiteten generalisierten tonisch-klonischen Anfällen. Diesen gehen oft langdauernde Angstauren und Aurastatus voraus, die den Verdacht auf eine »psychogene Überlagerung« aufkommen ließen. Das EEG zeigt generalisierte Slow-spike-waves und einen rechts temporalen Herd mit Verlangsamung und Sharp-waves. Eine Videoaufnahme zeigt, wie die Patientin bei einer aus dem Schlaf heraus auftretenden Aura in panikartigem Entsetzen aus dem Bett springt, auf den Flur läuft und um Hilfe ruft. Daran schließt sich ein generalisierter tonisch-klonischer Anfall an.

Die stationäre Beobachtung ergab, daß die Patientin iktale Angst und allgemeine Ängste, auch bezüglich ihrer Anfälle und was dabei passieren könnte, ohne Schwierigkeiten unterscheiden konnte, und auch für die Mitarbeiter der Station waren die beiden Formen von Angst gut unterscheidbar: »Die Angstäußerung in der Aura wirkte wesentlich dranghafter, mehr von innen heraus«.

Fall 3

Der 20jährige Patient leidet seit dem 9. Lebensjahr an einer kryptogenen Temporallappenepilepsie mit Auren, die er distanziert und objektiv als ein nicht näher begründbares oder beschreibbares Angstgefühl bezeichnet. Daran können sich psychomotorische Anfälle oder generalisierte tonischklonische Anfälle anschließen. Die Videoaufzeichnung zeigt ihn konzentriert auf das Anfallsgeschehen und die Fragen, die ihm gestellt werden. Er gibt ruhig und ohne jeden ängstlichen Ausdruck Auskunft.

CT und NMR sind ohne Befund. Wegen Pharmakoresistenz wurde eine mehrschrittige präoperative Intensivdiagnostik durchgeführt, bei der wegen zweifelhafter Lateralisation auch stereotaktische Tiefenelektroden eingesetzt werden mußten. Bei dieser Untersuchung wurden 13 Auren und Anfälle erfaßt, die immer in der rechten Amygdala begannen (Abbildung 1). Die daraufhin erfolgte Temporallappenresektion rechts führte zur völligen Anfallsfreiheit. Das histologische Präparat zeigte einen massiven Zellverlust vor allem im Nc. dentatus und den Pyramidenzellbändern des Hippokampus. Nur die Positronenemissionstomographie hatte einen erheblichen Hypometabolismus rechts temporal ergeben.

Fall 4

Der 10jährige Junge ist mit fünf Jahren an epigastrischen Auren erkrankt, die z.T. von einem ängstlichen Gefühl begleitet sind. Sie können von einer sekunden- oder minutenlangen Bewußtseinsstörung mit Verlegenheits-äußerungen gefolgt sein. Aus dem Nachtschlaf wurden durch eine Hypermotorik gekennzeichnete Anfälle aufgezeichnet, die lokalisatorisch auf den Frontallappen verweisen. Abbildung 2 zeigt einen Ausschnitt aus einer Serie kurzer fokaler Anfälle, bei dem er sich duckt, das Gesicht mit den Händen bedeckt und mit ängstlichem Ausdruck dahinter hervorspäht. Er hat daran keine Erinnerung. Das erweiterte Oberflächen-EEG einschl. Sphenoidalelektroden zeigt an dieser Stelle ein bilaterales frontalbetontes Anfallsmuster (Abbildung 3), aus dem noch keine exakte Lokalisation möglich ist. Auch interiktal finden sich beidseitige Hinweise auf die frontalen Regionen.

Abbildung 2. Ängstlicher Ausdruck im Verlauf einer komplex-fokalen Anfallsserie (Fall 4).

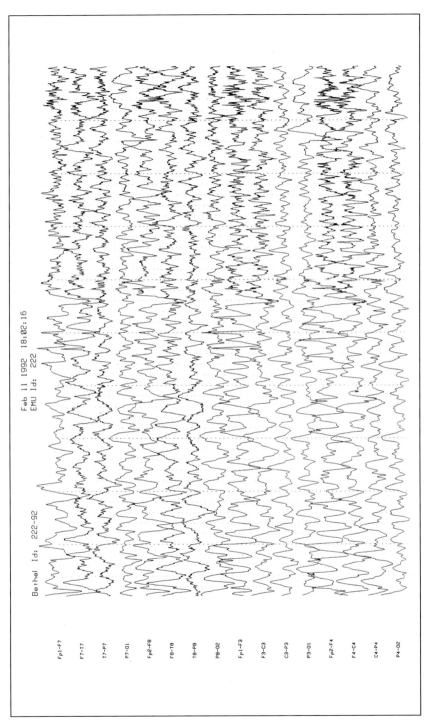

Abbildung 3. Bifrontal und linksbetonter Anfallsbeginn bei Fall 4.

Die Intensität des iktalen Angsterlebnisses bestimmt letzten Endes seine Relevanz. Wir haben in der Epilepsietherapie immer wieder einmal die Situation, daß die eigentlichen Anfälle ausbleiben, aber isolierte Auren – die natürlich auch Anfälle sind (einfach-fokale Anfälle) – übrig bleiben. Sind die Auren leicht und für den Patienten gut zu verkraften, dann sollte man trotzdem grundsätzlich die Therapie zu ändern versuchen, bis auch die Auren aufhören, aber man sollte es nicht tun, wenn die verbleibenden Therapiemöglichkeiten riskant sind. Dies gilt auch für leichtere angstbetonte Auren. Dagegen wird ein Patient mit schweren und häufigen iktalen Angsterlebnissen damit nicht einverstanden sein, und in diesem Fall können solche Auren selbst bei ausschließlich isoliertem Auftreten evtl. zur Indikation für einen epilepsiechirurgischen Eingriff werden.

Ein eindrucksvolles Beispiel dafür berichtete *Henriksen* (4). Bei seiner 39jährigen Patientin, die seit früher Kindheit an einer Temporallappenepilepsie litt, hatte sich eine Entwicklung ergeben, die unserer oben geschilderten Patientin 1 nicht unähnlich war mit anhaltenden Angstzuständen, die zum Teil als Ausdruck einer Angstneurose aufgefaßt wurden. In diesem Fall gelang es, einen schon seit drei Monaten anhaltenden fast kontinuierlichen Angstzustand über das EEG mit Einschluß von Sphenoidalelektroden als fokalen Status epilepticus des rechten Temporallappens mit dicht aufeinanderfolgenden Angstauren zu erkennen. Hinweisend war eine mit typischen epigastrischen Auren in raschem Wechsel alternierende Angst gewesen. Pharmakoresistenz führte hier zur Entscheidung für eine rechtsseitige vordere Temporallappenresektion, nach der die Patientin über mindestens 2 1/2 Jahre frei von Angstauren und Angstzuständen blieb, obwohl sie nicht völlig anfallsfrei wurde und auch hysterische und Zwangssymptome wieder auftraten. *Henriksen* hebt ausdrücklich hervor, daß im Aurastatus durch Zuwendung zu der Patientin und intensive Beschäftigung mit ihr die Angst zurückgedrängt werden konnte und, vom EEG bestätigt, die Auren seltener auftraten. Durch solche Beobachtungen einer psychoreaktiven und situagenen Modifikation und Modulation eines Symptoms darf man sich auf keinen Fall zu diagnostischen Kurzschlüssen verführen lassen. Epileptische Anfälle sind affektiv und kognitiv durchaus beeinflußbar.

Aus eigenen Beobachtungen über Angstzustände, die durch fokale Status bedingt waren (5), ist ergänzend darauf hinzuweisen, daß die Angst im fokalen Status durchaus ein neues Symptom sein kann, das zuvor in den Auren der einzelnen Anfälle noch nicht präsent gewesen war. Dieses Auftreten neuer Symptome gilt für die Aura continua bzw. den einfach fokalen Status ganz allgemein als möglich und macht gelegentlich diagnostische Schwierigkeiten. Wir haben wiederholt gesehen, daß Patienten mit epigastrischer Aura ohne oder mit einer sehr geringen Angstempfindung in der Aura continua einen schweren Angstzustand zum Teil mit Suizidalität entwickelten. Grundsätzlich ist eine angstgetönte Aura continua immer möglich, wenn der Patient eine Temporallappenepilepsie hat.

Natürlich könnte man hier auch vermuten, daß die Angst in diesen Fällen kein iktales Symptom sei, sondern eine verständliche Reaktion auf einen lang anhaltenden Ausnahmezustand. Das ist aber meistens nicht das, was die Patienten erleben, wenn man sie fragt – was in diesen Zuständen ja durchaus möglich ist. In den Fällen, in denen das Symptom im Sinne des repetitiven Kommens und Gehens auftritt, ist der iktale Charakter natürlich auch daran erkennbar.

Wie steht es überhaupt mit der Angst als unmittelbarer Reaktion auf eine Aura? Die Patienten können das von der primären inhaltslosen anfallsartigen iktalen Angst meist ohne weiteres abgrenzen. Diese Reaktionsweise, die Angst vor dem gleich beginnenden Anfall als Reaktion auf die Aura, ist offenbar eher selten. Unmittelbare Reaktionen auf eine Aura, wenn sie überhaupt möglich sind und erfolgen, liegen üblicherweise in einer anderen Richtung. Manche Patienten bringen sich vor dem bevorstehenden Anfall noch rasch in Sicherheit, indem sie sich z.B. hinsetzen oder hinlegen oder sie machen einen Helfer auf sich aufmerksam oder ziehen sich aus der Öffentlichkeit zurück. Die häufigste Reaktion – bei ungefähr 60% aller Patienten mit auraeingeleiteten Anfällen – besteht in Versuchen, den drohenden Anfall durch irgendwelche Gegenmaßnahmen noch abzuwenden. All diese Dinge kann man natürlich, wenn man will, im Sinne einer Angst oder Furcht vor dem interpretieren, was folgt – wie alle Vorsichtsmaßnahmen, aber im allgemeinen wird diese Situation vom Patienten nicht mit Angst erlebt, so daß es zutreffender wäre, von einer besorgten Reaktion zu reden. Dabei kann es sich durchaus um sehr prompte und intensive, zum Teil hektische Reaktionen handeln.

Auf das Anfallsgeschehen bezogene Ängste entwickeln sich eher im Anfallsintervall und als Reaktion auf die Gesamtsituation der Anfallserkrankung. Dabei muß es sich nicht unbedingt um etwas Pathologisches oder Neurotisches handeln. Es gibt durchaus auch »normale« Ängste, bei denen eher ihr Fehlen verwundert oder auffällt, wenn sich z.B. eine epilepsiekranke Person ungeniert an das Steuer eines Autos setzt. Solche normalen Ängste können sehr plausibel sein und sich auf konkrete Einzelheiten des Anfallsablaufs beziehen.

Fall 5

Ein 32jähriger Mann mit pharmakoresistenten auraeingeleiteten psychomotorischen Anfällen wird von uns mit einem EEG-Biofeedback-Programm behandelt, das er überwiegend erfolgreich zur Anfallsunterbrechung beim Beginn der Aura einsetzt. Nach einigen Monaten pendelt sich jedoch eine Rest-Anfallsfrequenz von 3 bis 4 Anfällen pro Monat ein, die nicht weiter reduzierbar ist, weil diese Anfälle eine so kurze Aura haben, daß ihm keine Zeit zum Eingreifen bleibt. Deshalb wird eine laufende Phenobarbitalbehandlung in der Dosis etwas verstärkt. Daraufhin hat er in den nächsten vier Monaten nur einen einzigen Anfall, reagiert darauf aber eher verunsichert und ängstlich, weil dieser Anfall ganz ohne Aura abgelaufen war, was dem Patienten jegliche Reaktionsmöglichkeit nimmt.

In seltenen Fällen kann eine auf die Anfälle bezogene Angst auch zum Anfallsauslöser werden.

Fall 6

Ein niedergelassener Arzt, Anfang 40, der mich wegen therapieschwieriger psychomotorischer Anfälle aufsuchte, wurde, noch während wir nach einer erfolgreichen Einstellung suchten, von einem Patienten, bei dessen Untersuchung er einen Anfall erlitten hatte, der Ärztekammer unter dem Verdacht einer Drogenabhängigkeit gemeldet. Es wurde deutlich, daß Anfälle in seiner Sprechstunde ein gravierendes Problem darstellen konnten, da zu seinem Anfallsablauf widersinnige komplexe automatische Handlungen gehörten, die sich aus den zufälligen Gegebenheiten der aktuellen Situation ergaben. So hatte er den Patienten, der ihn angezeigt hatte, ohne vernünftigen Grund und ohne sich daran zu erinnern, im Anfall rektal untersucht. Seine Approbation und damit seine Existenz standen auf dem Spiel in einer Zeit, in der er sich für die Modernisierung seiner Praxisausstattung hoch verschuldet hatte. Wir konnten mit dem zuständigen Kollegen bei der Ärztekammer eine Frist bis zur endgültigen Entscheidung verabreden, da sich ein Erfolg der begonnenen Behandlung abzuzeichnen schien. Nachdem er vier Monate anfallsfrei geblieben war, konnte ich ihm bescheinigen, daß das Risiko weiterer Anfälle nun nur noch gering sei. Er hatte sich damit bei der Ärztekammer zu einer Besprechung des weiteren Procedere vorzustellen, machte sich in Hochspannung voller Hoffnung, und ohne sich seine Ängste einzugestehen, auf den Weg und erlitt vor den Augen des Kammervertreters einen psychomotorischen Anfall.

Diese beiden Beispiele nachvollziehbarer, wenn auch nicht unbedingt bewußt gewordener Ängste, hätten sich aber ebenso gut als Reaktionen auf andere Anfälle mit Bewußtseinsverlust richten können, z.B. auf große Krampfanfälle. Vergleichbares gilt im Grunde auch für neurotische und phobische Ängste, die sich anläßlich von Anfällen entwickeln können. Eine Agoraphobie mit Phantasien, daß sich im ungeschützten Außenraum Anfälle ereignen, kommt durchaus vor und kann dazu führen, daß ein anfallskranker Patient nicht mehr allein aus dem Haus geht, selbst wenn das reale Anfallsrisiko minimal ist. Dies hat aber weniger mit der Herdlokalisation etwas zu tun als mit der Persönlichkeitsstruktur des Patienten.

Eine harmlose Variante neurotischer Ängste können wir manchmal beobachten, wenn Patienten, die einmal einen Helm tragen mußten, um sich vor Verletzungen in anfallsbedingten Stürzen zu schützen, sich auch nach jahrelanger Anfallsfreiheit von dem Helm nicht mehr trennen können.

Fall 7

Ein Extrembeispiel pathologischer Anfallsangst, wiederum mit sekundärer Anfallsauslösung durch die Angst, ist das einer Patientin, die ich mit 17 Jahren kennen lernte, nachdem sie mit 14 Jahren an fokalen tonischen Anfällen der rechten Körperseite erkrankt war, bei denen sie bei Bewußtsein blieb, aber hinstürzte. Es bestand eine familiäre Epilepsiebelastung, und die Computertomographie zeigte eine ausgeprägte Hemisphärenasymmetrie als Hinweis auf einen Perinatalschaden. Schon seit dem 2.

Anfall ihrer Krankengeschichte war eine Auslösung durch Erschrecken aufgefallen, die dann habituell wurde und sich unter dem Begriff einer Startle-Epilepsie fassen ließ. Die Anfälle ereigneten sich häufig und waren durch Antiepileptika wenig beeinflußbar. Die Patientin lebte bald in ständiger Angst vor den Anfällen, was deren Auftreten erleichterte, weil die auslösenden Startle-Reaktionen durch die Erwartungsspannung verstärkt und provoziert werden können. Dies ging so weit, daß sie in der Stadt manchmal einen Anfall bekam, wenn sie eine Stelle passierte, an der sie früher einen Anfall erlitten hatte, und sich daran erinnerte. Man hatte auch den Eindruck, daß sie auf ihren Wegen ständig an frühere und drohende Anfälle dachte. Bei ihr kam es soweit, daß sie aus diesen Ängsten heraus nie mehr das Haus verließ.

Ich habe Ihnen eine Reihe von Beispielen gegeben, die sich statt an psychomotorische Anfälle auch an andere Anfallstypen hätten knüpfen können und im letzten Beispiel dies auch taten. Es ging mir dabei darum, deutlich zu machen, daß sowohl die angemessenen als auch die pathologischen reaktiven Ängste, die sich aus Anfällen ergeben, nicht für psychomotorische Anfälle oder für Temporallappenepilepsie spezifisch sind. Sie können sich immer dann entwickeln, wenn von dem Anfallsablauf überhaupt irgendwelche faßbaren Gefahren ausgehen – im allgemeinen durch eine Bewußtseinsstörung im Anfall mit all ihren Konsequenzen oder, wie im letzten Beispiel, durch trotz erhaltenem Bewußtsein unvermeidliche Stürze. Dies unterscheidet die reaktiven Ängste deutlich von den iktalen Ängsten, die als primäres Anfallssymptom einen Hinweis in erster Linie auf das limbische System bzw. den Temporallappen geben und dort vielleicht besonders die Amygdala, obwohl Angst gelegentlich auch als Symptom frontaler Anfälle vorkommen mag.

Die scharfe begriffliche Trennung zwischen unspezifischen reaktiven Ängsten und der spezifischen iktalen Angstsymptomatik mag dann auch als resümierende Antwort auf die in meinem Thema aufgeworfene Frage gelten, doch möchte ich abschließend noch einmal auf mein erstes Fallbeispiel zurückkommen und daran erinnern, daß die klinische Wirklichkeit sich unseren systematischen Begriffen manchmal entziehen kann.

Literatur

1 Betts TA (1988) Epilepsy and behaviour. In: Laidlaw J, Richens A, Oxley J (eds) A textbook of epilepsy, 2nd ed. Churchill Livingstone, Edinburgh, pp 350–385
2 Commission on Classification and Terminology of the International League against Epilepsy (1990) Revidierte klinische und elektroenzephalographische Klassifikation epileptischer Anfälle. Epilepsie-Blätter 3:33–40
3 Gloor P (1991) Neurobiological substrates of ictal behavioural changes. In: Smith D, Treiman D, Trimble M (eds) Neurobehavioral problems in epilepsy; Adv Neurol 55. Raven Press, New York, pp 1–34
4 Henriksen GF (1973) Status epilepticus partialis with fear as clinical expression. Report of a case and ictal EEG findings. Epilepsia 14:39–46
5 Wolf P (1980) Systematik vom Status kleiner Anfälle in psychopathologischer Hinsicht. In: Wolf P, Köhler G-K (eds) Psychopathologische und pathogenetische Probleme psychotischer Syndrome bei Epilepsie. Huber, Bern, pp 32–52

Funktion und klinische Relevanz des zentralen Serotoninsystems

Die Rolle der selektiven Serotoninwiederaufnahmehemmer

von

Hans Georg Baumgarten

Die pharmakologische Manipulation serotonerger Übertragungsmechanismen mit Hilfe der Wiederaufnahmehemmer zeigt überraschend vieldimensionale Einflußmöglichkeiten auf zentralnervöse Leistungen und offenbart damit den vielseitig-modulatorischen Charakter dieses Neurotransmitters, der mit den wichtigsten anderen retikulären Systemen (den cholinergen, dopaminergen und noradrenergen Systemen), Interneuronen und Exekutivtransmittersystemen des Gehirns in Wechselwirkung tritt und deren Arbeitsweise fein abgestuft betont oder abschwächt, ohne spektakuläre Eigenwirkungen zu entfalten. Das zentrale Serotoninsystem zeigt ein stabiles, vigilanzstadienkorreliertes, tonisches Entladungsverhalten; es unterscheidet sich damit grundlegend von anderen phasisch reagierenden retikulären Verstärkersystemen. Seine Aufgabe besteht in der Mitwirkung bei der kognitiven Bewertung von Alarmsignalen, in der Ausblendung von bedeutungslosen sensorischen Störgrößen und der Sicherstellung einer stabilen Vigilanzkontrolle in den regulierten Netzwerken. Wir haben die Leistungen des zentralen Serotoninsystems als protektive Filterfunktion gegenüber sensorischen Störgrößen bezeichnet, die emotional ausgleichend, angstdämpfend, impulskontrollverbessernd, antinoziteptiv, antihedonistisch und antiaggressiv-prosozialisierend wirkt.

Für eine solche augenblicksüberdauernde, also längerfristige Beeinflussung der Arbeitsweise anderer funktionsprägender Systeme werden überwiegend mit Verstärker- oder Abschwächungsmechanismen gekoppelte Rezeptoren aus der G-Protein-Superfamilie benutzt, die auch Zielproteine anderer Transmitter darstellen. Ihre Genexpression und ihre Adaptationscharakteristik nach langdauernder Agonistengabe ist für das Verständnis der Langzeitwirkung von Wiederaufnahmehemmer bei psychiatrischen Erkrankungen wichtiger als die pharmakologischen Sofortwirkungen. Dennoch besitzen auch die Akutwirkungen therapeutisches Potential.

Der pharmakotherapeutische Ansatz an der Wiederaufnahmehemmung ist ein außerordentlich wirksames und feindosierbares Manipulationsinstrument für die serotonerge Transmission, weil unter Ruhearbeitsbedingungen bis zu 90% des freigesetzten Transmitters durch die Bindung an den Transporter und die Rückverlagerung in die serotonerge Präsynapse inaktiviert werden. Auch bei Zunahme der Entladungsrate auf das fünf- und zehnfache der Basalaktivität bleibt der neuronale Rücktransport das wichtigste Inaktivierungsinstrument.

82

Der neuronale Serotonintransporter gehört zur Familie der neuralen Amin- und Aminosäuretransportproteine, deren Aminosäuresequenz, Membraneinbau und Bindungsdomänen teilweise geklärt sind. Es handelt sich offenbar um ein einheitliches Protein mit einer Molekülmasse von 69 Kilodalton; nur eine m-RNA-Spezies wird zentral und peripher gebildet (im Gehirn, Gastrointestinaltrakt, in der Lunge und in den Blutplättchen). Die protonierte Form des Serotonins wird energieabhängig mit Natrium- und Chloridionen durch die Zellmembran verlagert. Dieses einheitliche Transportprotein ist Ziel nicht nur der selektiven Wiederaufnahmehemmer und bestimmter trizyklischer Antidepressiva (z.B. Chlorimipramin, Imipramin, Amitriptylin), sondern auch von Kokain und bestimmten substituierten Amphetaminen (z.B. dem Psychotomimetikum MDMA und dem Sättigungsverstärker Fenfluramin), die alle mit dem 5-HT um die Bindung konkurrieren. Während die Wiederaufnahmehemmer die Bindungsfähigkeit des Transporters für Serotonin kompetitiv hemmen, werden die Amphetamine gebunden und selbst transportiert. Sie sind neben ihrer Eigenschaft als Bindungskonkurrenten für 5-HT am Transporter auch Freisetzer von vesikulärem und von zytoplasmatischem, d.h. neusynthetisiertem Serotonin, also indirekte Serotomimetika und Aufnahmehemmer. Darüber hinaus sind sie in höheren Dosen schwachpotente interneuronale MAO-Hemmer (z.B. MDMA).

Die Besetzung des Carriers mit einem Wiederaufnahmehemmer führt zur Verlängerung der Verweildauer und zur Anreicherung von Serotonin im Synapsenspalt und in der Extrazellulärflüssigkeit des Gehirns und somit dosisabhängig auch zur Verstärkung von serotoninangebotsabhängig auftretenden prä- oder postsynaptischen Stimulations- oder Hemmphänomenen. Für solche Wirkungen kann sich eine Toleranz entwickeln. Die klinische Erfahrung zeigt eine solche Gewöhnung z.B. für die initial auftretende Nausea und die innere Unruhe (Zunahme des zentral-motorischen Vigilanztonus).

Für die pharmakoninduzierte Verstärkung serotonerger Wirkungen gibt es Beispiele, wie die dosisabhängige Abnahme der Entladungsrate von 5-HT-Neuronen, die Zunahme der Prolaktin- oder der CRF/ACTH-Freisetzung, die Beschleunigung des Eintritts der Sättigung während der Nahrungsaufnahme, der Anti-craving-Effekt, die Hemmung bestimmter Formen impulsiven aggressiven Verhaltens in verschiedenen Tiermodellen, die Verbesserung des Vermeidungsverhaltens in angstauslösenden Situationen oder die Verlängerung der REM-Latenz, die Abnahme des REM-Anteils am Schlaf und der REM-Dichte und die Verbesserung kognitiver Leistungen in bestimmten Leistungstests.

Diese Wirkungen, die um so selektiver sind, je besser ein Wiederaufnahmehemmer zwischen den verwandten Noradrenalin- und Dopamintransportern und dem 5-HT-Transporter unterscheiden kann, können bereits therapeutisches Potential besitzen, z.B. für die symptomatische Verbesserung von Appetit- und Cravingkontrolle oder die Verbesserung der antinozizeptiven Wirkung von endogenen Opiaten und GABA, die Suppression von REM-Schlaf sowie eine Anhebung des Vigilanzniveaus.

Andere therapeutisch erwünschte Effekte, die auf eine kontinuierliche und langfristige Angebotserhöhung von Serotonin im Extrazellulärraum durch selektive und hochaffine Aufnahmehemmer angewiesen sind – wie Anxiolyse, Thymolepsie, Suizidalitätsdämpfung, Zwangs- und Impulskontrolle –, beruhen auf komplexen Adaptationsvorgängen an bestimmten prä- und postsynaptischen Rezeptoren für Serotonin und andere Transmitter und offenbar auch auf einer Veränderung der Signaltransduktionseigenschaften von G-Proteinen bzw. auch auf einer Änderung der Genexpression für G-Protein-Unterarten. Schließlich beeinflussen klinisch erfolgreiche Antidepressiva die deregulierte Streßadaptation des ZNS und dämpfen den

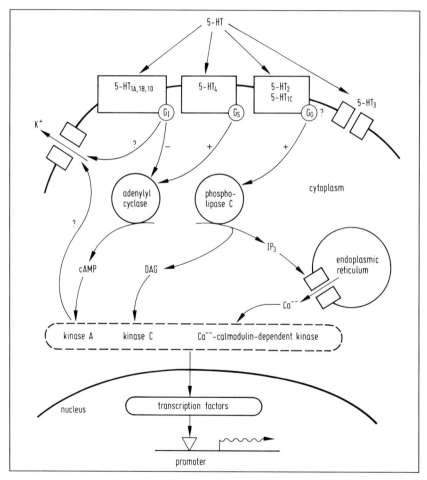

Abbildung 1. Koppelung von 5-HT-1-, -2- und -4-Rezeptoren an G-Protein-Varianten und deren stimulierende bzw. hemmende Wirkung auf zugeordnete »second messenger«-Systeme, die Einfluß auf genregulatorische Prozesse nehmen können. Nur der 5-HT-3-Rezeptor ist ein einfacher Ionenkanalrezeptor, der die Permeabilität für Natrium- und Kaliumionen erhöht; mod. nach Hen R (1992) Trend Pharmacol Sci 13:160–165.

hyperaktiven streßfördernden noradrenergen Tonus des Locus coeruleus. Dies sind zeitabhängige Prozesse, die auf eine Neueinstellung der Genexpression für streßunterhaltende und streßkontrollierende Mechanismen hinwirken.

Natürlich wird auch die Empfindlichkeit bestimmter prä- und postsynaptischer Rezeptoren für Serotonin selbst verändert. Ein gutes Maß für solche Einflüsse finden wir in elektrophysiologischen Parametern serotonerger Neuronenaktivität. Die Herabregulierung der somatodendritischen Autorezeptoren führt zur Normalisierung der Entladungscharakteristik in 5-HT-Neuronen nach 14 Tagen Präsenz des Aufnahmehemmers, und die Desensitisierung von terminalen Auto-, aber auch Heterozeptoren (z.B. alpha2-Rezeptoren auf den serotonergen Endigungen) führt zur Verbesserung der 5-HT-Freisetzung pro Aktionspotential, also zu einem verstärkten 5-HT-Angebot an Zielstrukturen. Solch ein Mechanismus ist z.B. Grundlage für die stabile serotonerge Suppression des Entladungsverhaltens von noradrenergen LC-Neuronen und die diskrete Bahnung dopaminerger Mechanismen nach Langzeitgabe von Aufnahmehemmern. Ferner scheint eine Bahnung von postsynaptischen 5-HT-1-Mechanismen einzutreten, die durch Partialagonisten (z.B. mit Ipsapiron) an diesem Rezeptor im Tiermodell und in abgeschwächter Form auch am Menschen als Anxiolyse nachgeahmt werden kann. Daß die Empfindlichkeit prä- und postsynaptischer 5-HT-1- und 5-HT-2-Mechanismen bei der Depression verändert ist, ist beim Menschen durch Testparadigmen mit Hilfe von selektiven Rezeptoragonisten gezeigt worden. Dabei könnte es sich um Zustandsindikatoren handeln, die nach Remission normalisieren. Die beobachteten Veränderungen an prä- und postsynaptischen 5-HT-1- und 5-HT-2-Rezeptoren betreffen hemmende und fördernde Effekte der 5-HT-Rezeptoren und beruhen wahrscheinlich auf rezeptorübergeordneten Störungen der Umsetzung von Rezeptoreffekten auf Funktionsparameter der Zelle über geänderte G-Protein-Gleichgewichte oder -Eigenschaften.

Während die therapeutische Wirksamkeit der selektiven Serotoninwiederaufnahmehemmer für die Indikationen Depression, Paniksyndrom und Zwangsstörung als erwiesen gilt, ist der Wirksamkeitsnachweis für die Indikationen chronische Schmerzsyndrome, Bulimia nervosa, Dysthymie, »seasonal affective disorder« und prämenstruelles Syndrom erst durch kontrollierte Studien zu erbringen.

Die Vigilanzneutralität und das Fehlen kardiovaskulärer Begleitwirkungen gibt dieser Substanzklasse einen bevorzugten Stellenwert für die Behandlung psychischer Erkrankungen im höheren Alter. Das Fehlen zentral dämpfender Eigenschaften erlaubt eine schnellere berufliche Reintegration von Erkrankten als nach Gabe sedierender Trizyklika. Bei der Auswahl des Wiederaufnahmehemmers ist auf die Pharmakokinetik zu achten. Zur Complianceverbesserung (Minimierung der Nausea) muß initial einschleichend dosiert werden. Eine initiale kurzfristige Comedikation mit Neuroleptika oder Anxiolytika kann ebenfalls sinnvoll sein. Die Überdosierungssicherheit der selektiven Serotoninwiederaufnahmehemmer ist höher als die der Trizyklika.

Literatur

Baumgarten HG (1991) Neuroanatomie und Neurophysiologie des zentralen Serotoninsystems. In: Heinrich K, Hippius H, Pöldinger W (eds) Serotonin: Ein funktioneller Ansatz für psychiatrische Diagnose und Therapie. Duphar med commun 2. Springer, Berlin Heidelberg New York, pp 17–44

Baumgarten HG (1991) Serotonin, der wichtigste Neurotransmitter des Menschen? In: Hippius H, Pöldinger W (eds) Phantasie und Wirklichkeit – Fluvoxamin. Duphar med commun 3. Springer, Berlin Heidelberg New York, pp 10–33

Brady LS, Whitfield HJ, Fox RJ, Gold PW, Herkenham M (1991) Long-term antidepressant administration alters corticotropin-releasing hormone, tyrosine hydroxylase, and mineralocorticoid receptor gene expression in rat brain. J Clin Invest 87:831–837

de Montigny C, Chaput Y, Blier P (1990) Modification of serotonergic neuron properties by long-term treatment with serotonin reuptake blockers. J Clin Psychiat (suppl B) 51: 4–17

Feighner JP, Boyer WF (1991) Selective serotonin re-uptake inhibitors. Perspectives in psychiatry 1. J. Wiley & Sons, Chichester New York Brisbane Toronto Singapore

Graham D, Langer SZ (1992) Advances in sodium-ion coupled biogenic amine transporters. Life Sci 51:631–645

Jacobs BL, Azmitia EC (1992) Structure and function of the brain serotonin system. Physiol Rev 72:165–229

Lesch K-P (1991) Hormone und Nerotransmission. In: Beckmann H, Osterheider M (eds) Neurotransmitter und psychische Erkrankungen. Tropon-Symposium Bd. VI. Springer, Berlin Heidelberg, pp 59–74

Lesch K-P, Beckmann H (1990) Zur Serotonin-Hypothese der Depression. Fortschr Neurol Psychiatr 58:427–438

van Praag HM, Lecrubier Y (1992) New perspectives on the treatment of depression. Drugs (suppl 2) 43: 1–57

Zifa E, Fillion G (1992) 5-Hydroxytryptamine receptors. Pharmacol Rev 44:401–458

Wirkungsmechanismen von Carbamazepin bei Epilepsien und affektiven Störungen

von

Jörg Walden, J. v. Wegerer, A. Mayer, D. Bingmann

Seit vielen Jahren wird Carbamazepin (CBZ) in der Behandlung von Epilepsien, der Trigeminusneuralgie sowie bei anderen neurologischen Indikationen eingesetzt (Krämer und Hopf 1987). In neuerer Zeit wird CBZ auch bei psychiatrischen Indikationen wie dem Alkoholentzugssyndrom, bei manischen Syndromen und insbesondere in der Prophylaxe affektiver und schizoaffektiver Störungen benutzt (Takesaki und Hanaoka 1971; Okuma 1983; Müller-Oerlinghausen et al. 1989; Wunderlich 1990). Über den Wirkmechanismus von CBZ bei den verschiedenen pathophysiologischen Zuständen ist bisher wenig bekannt. Insbesondere ergibt sich die Frage, ob es einen gemeinsamen Mechanismus bei den Epilepsien und affektiven Störungen gibt.

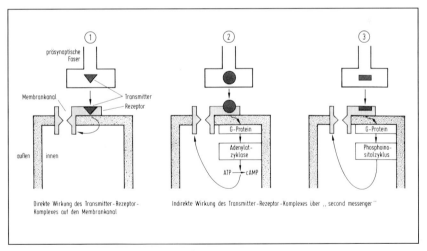

Abbildung 1. Transmittergesteuerte Öffnung von Membrankanälen. Direkte ① und indirekte ② + ③ Wirkung des Transmitter-Rezeptor-Komplexes auf den Membrankanal. Den präsynaptischen Fasern mit ihren Endstrukturen ist ein Membransektor des nachgeschalteten Neurons mit einem Rezeptor an einem Membrankanal gegenübergestellt. Durch »außen« und »innen« sind der Extra- und Intrazellulärraum eines Neurons gekennzeichnet. G-Protein: Guanosintriphosphat-bindendes Protein. ATP: Adenosintriphosphat; cAMP: zyklisches Adenosinmonophosphat; aus: Walden (1990).

87

Grundsätzlich kann der Angriffspunkt der Substanz entweder auf transmittergesteuerte Membrankanäle oder auf spannungsabhängige Membrankanäle erfolgen.

Die transmittergesteuerten Öffnungen von Membrankanälen, die zu exzitatorischen postsynaptischen Potentialen (EPSP) oder inhibitorischen postsynaptischen Potentialen (IPSP) führen, können grundsätzlich über zwei Mechanismen ablaufen (Abbildung 1). Beim ersten Mechanismus bewirkt der Transmitter-Rezeptor-Komplex direkt die Öffnung des Membrankanals (Abbildung 1 ①). Diese direkte Öffnung kommt über eine sterische Änderung der Membranproteine zustande. Über einen solchen Mechanismus wirkt zum Beispiel der hemmende Transmitter gamma-Aminobuttersäure (GABA), wenn er an den GABA$_A$-Rezeptor bindet, und der erregende Transmitter Glutamat, wenn er an den N-methyl-D-aspartat (NMDA)-Rezeptor bindet. Im zweiten Fall erfolgt die Öffnung des Membrankanals indirekt über »second messenger« (Abbildung 1 ② ③). Als »second messenger« wirkt zum einen zyklisches Adenosinmonophosphat (cAMP), das in der weiteren Folge spezifische Phosphorylierungsenzyme aktiviert, die die Kanalöffnung induzieren (Abbildung 1 ②). Über cAMP wirkt zum Beispiel der Transmitter Noradrenalin, wenn er sich mit dem Noradrenalin-Beta-Rezeptor verbindet. Zum anderen wirken Phospho-

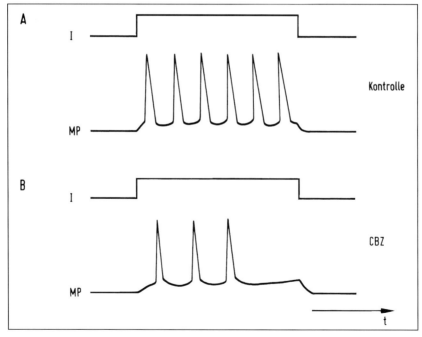

Abbildung 2. Schematische Darstellung der Wirkung von Carbamazepin (CBZ) auf eine Serie von Aktionspotentialen. Durch intrazelluläre Stromapplikation (I) ausgelöste Aktionspotentiale unter Kontrollbedingungen (A) und nach Gabe von CBZ (B); MP: Membranpotential, t: Zeit.

inositole als »second messenger«, wobei die Hydrolyse von Membranlipiden phosphorylierende Enzyme aktiviert, die die Öffnung von Membrankanälen bewirken (Abbildung 1 ③) (Walden 1990). Über diesen Mechanismus wirkt zum Beispiel der Transmitter Noradrenalin, wenn er sich mit dem Noradrenalin-alpha1-Rezeptor verbindet. Die Aktivierung beider »second messenger«-Systeme erfolgt über Guanosintriphosphat (GTP) -bindende Proteine (sog. G-Proteine). In diesem Zusammenhang ist von Bedeutung, daß Lithiumionen, die ebenfalls wie CBZ in der Prophylaxe affektiver Störungen eingesetzt werden, einen Syntheseschritt im Phosphoinositolzyklus hemmen (Hallacher und Sherman 1980) und damit Transmitterwirkungen beeinflussen.

Die Wirkungen von CBZ auf transmittergesteuerte Membrankanäle ist vielfältig. So haben beispielsweise Untersuchungen gezeigt, daß CBZ agonistische Wirkungen am GABA$_B$-Rezeptor entfaltet (Terrence et al. 1983). Weiterhin wurde beschrieben, daß CBZ eine blockierende Wirkung am NMDA-Rezeptor aufweist (Lampe und Bigalke 1990; Olpe et al. 1985). Neben der Wirkung auf das GABA- und Glutamatsystem wirkt CBZ offensichtlich auch auf die purinergen Synapsen und auf bestimmte Neuromodulatoren. Der Neurotransmitter Adenosin bewirkt im Zentralnervensystem eher eine Hemmung bioelektrischer Aktivität (Dunwiddie und Worth 1982), und die Adenosinantagonisten Koffein und Theophyllin induzieren eher einen stimulierenden Effekt. Untersuchungen weisen darauf hin, daß CBZ insbesondere den Adenosin-1-Rezeptor blockiert (Fujiwara et al. 1986; Skeritt et al. 1983). Schließlich besteht die Möglichkeit, daß CBZ auf bestimmte Neuromodulatoren, die die Wirksamkeit von Neurotransmittern beeinflussen, einwirkt. In diesem Zusammenhang spielt Somato-

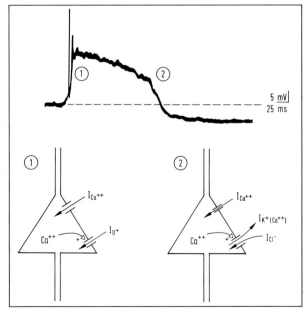

Abbildung 3.
Entstehungsmechanismen einer paroxysmalen Depolarisation. Der paroxysmalen Depolarisation im oberen Teil sind die hypothetischen Mechanismen im unteren Teil gegenübergestellt; Erklärungen im Text.

statin als Neuromodulator in hippokampalen Arealen eine große Rolle. Es konnte gezeigt werden, daß CBZ sehr selektiv den Somatostatingehalt im Liquor nach Stimulation der Amygdala erniedrigt (Post et al. 1982).

Bei der spannungsgesteuerten Öffnung von Membrankanälen ist eine frequenzabhängige Wirkung von CBZ auf Natriumionenkanäle bekannt (Abbildung 2) (Post et al. 1982; Schauf et al. 1974; Schwarz 1988; Walden et al. 1992a). Dabei ist von Bedeutung, daß nur die pathologische Frequenz der Aktionspotentiale durch CBZ reduziert wird, während die physiologische Aktivität aufrechterhalten werden kann. Da bei epileptischer Aktivität eine allgemeine Erhöhung des neuronalen Erregungsniveaus zu beobachten ist, ist die Frequenzreduktion der Aktionspotentiale über eine Inaktivierung von Natriumkanälen für den antiepileptischen Effekt von CBZ von Bedeutung (Speckmann 1986).

Ausgehend von den Elementarmechanismen epileptischer Aktivität, haben sich Untersuchungen der letzten Zeit damit befaßt, ob CBZ eine Wirkung auf spannungsabhängige Kalziumionenkanäle entfaltet. Dies ist deshalb von Bedeutung, da Kalziumionen bei der Entstehung epileptischer Aktivität eine hervorragende Bedeutung haben (Speckmann et al. 1986, 1989; Walden et al. 1988). Dieser Zusammenhang ist schematisch in Abbildung 3 wiedergegeben, in deren oberem Teil eine paroxysmale Depolarisation gezeigt ist. Dieses Membranpotentialmuster einzelner Neurone ist das bio-

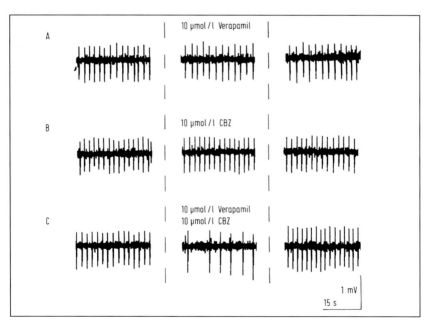

Abbildung 4. Additive Wirkungen von Verapamil und Carbamazepin (CBZ). Niedrigmagnesium-Modell. Hippokampusschnittgewebepräparat. Die Frequenz der extrazellulär abgeleiteten Feldpotentiale wird weder durch 10 µmol/l Verapamil (A) noch durch 10 µmol/l Carbamazepin (B) beeinflußt. Eine Addition beider Substanzen führt zur Frequenzreduktion (C); nach: Walden et al. (1993).

elektrische Äquivalent epileptischer Aktivität auf Zellebene. In umfangreichen Untersuchungen konnte gezeigt werden, daß der Beginn der paroxysmalen Depolarisation durch einen Kalziumioneneinstrom und einen durch Kalziumionen ausgelösten weiteren unspezifischen Kationeneinstrom entsteht (Abbildung 3 ①) (Walden et al. 1992b). Die paroxysmale Depolarisation wird durch kalziumabhängige Membranströme schließlich beendet (Abbildung 3 ②). Insgesamt ergibt sich also, daß sowohl der Beginn als auch die Beendigung epileptischer Aktivität durch Kalzium und kalziumabhängige Membranströme induziert werden.

Ebenso wie bei epileptischer Aktivität spielt eine gestörte intrazelluläre Kalziumionenhomöostase offensichtlich auch bei affektiven Störungen eine Rolle (Dubovsky und Franks 1983). Dementsprechend ergibt sich die Hypothese, daß CBZ kalziumantagonistische Eigenschaften aufweist. Entsprechende Experimente sind in Abbildung 4 dargestellt. Hierbei wurde im sog. Niedrigmagnesium-Modell kalziumabhängige epileptische Aktivität erzeugt. Diese Aktivität ist durch den organischen Kalziumantagonisten Verapamil blockierbar (Pohl et al. 1992). Addiert man unterschwellige Konzentrationen des organischen Kalziumantagonisten mit CBZ, so zeigen beide Substanzen einen additiven Effekt (Abbildung 4). Hieraus kann grundsätzlich auf eine kalziumantagonistische Wirkung von CBZ geschlossen werden (Walden et al. 1992 c, d).

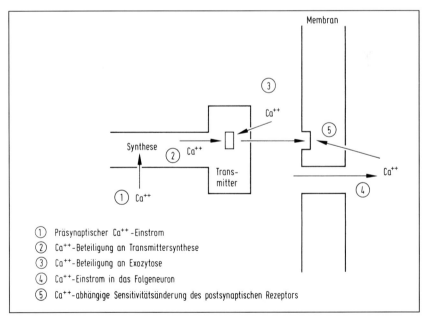

Abbildung 5. Beteiligung von Ca^{2+} an der Synthese, Ausschüttung und Bindung von Neurotransmittern. Dem Ende eines präsynaptischen Neurons ist ein postsynaptischer Membransektor auf der rechten Seite gegenübergestellt.

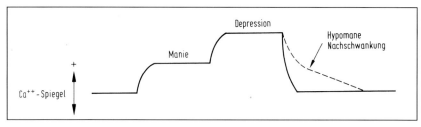

Abbildung 6. Hypothetische Vorstellung über eine Erhöhung des intrazellulären Ca^{2+}-Spiegels bei Manien und Depressionen.

Aufgrund des beschriebenen Zusammenhanges ergibt sich nun die Hypothese, daß auch bei der Entstehung affektiver Erkrankungen Störungen der Kalziumionenregulation vorliegen. Da im Rahmen der Noradrenalinmangelhypothese beschrieben wurde, daß Depressionen mit einer verminderten und Manien mit einer vergrößerten metabolischen Aktivität der Synapse eines noradrenergen Neurons einhergehen, ist es möglich, daß der eigentliche Mechanismus auf kalziumbedingten Störungen der Transmittersynthese und Transmitterausschüttung beruht. Wie aus Abbildung 5 hervorgeht, kann ein verstärkter präsynaptischer Kalziumioneneinstrom in das Neuron sowohl die Synthese als auch die Exozytose des Neurotransmitters intensivieren. Auf der postsynaptischen Seite des Neurons kann Ca^{2+} Phosphorylierungsmechanismen stimulieren, was die Sensitivität des Rezeptors beeinflußt.

Zusammenfassend ergibt sich damit, daß eine erhöhte Ca^{2+}-Konzentration in den Neuronen eine größere Verfügbarkeit für Neurotransmitter und eine vergrößerte Rezeptorensensitivität hervorrufen kann. In diesem Zusammenhang ergibt sich die Vorstellung, daß bei Patienten mit einem manischen Syndrom die intrazelluläre Kalziumionenkonzentration leicht und zumindest bei einer Untergruppe von Patienten mit einem depressiven Syndrom stark erhöht ist. Eine Gabe von kalziumantagonistischen Substanzen wie CBZ könnte dann den intrazellulären Ca^{2+}-Spiegel zunächst auf leicht erhöhte Werte bringen, wodurch eine hypomane Nachschwankung erklärbar wäre (Abbildung 6).

Insgesamt deuten die genannten Untersuchungen darauf hin, daß die Anwendung von kalziumantagonistischen Substanzen eine neue Therapiestrategie sowohl in der Behandlung der Epilepsien als auch der affektiven Störungen darstellt. Da jedoch viele Kalziumantagonisten die Blut-Hirn-Schranke nur zu einem geringen Teil passieren, müßten Kalziumantagonisten entwickelt werden, die zu einem genügenden Teil in das Zentralnervensystem gelangen können, und die keinen Effekt auf den peripheren Kreislauf entfalten (Speckmann et al. 1989).

Literatur

Dubovsky SL, Franks RD (1983) Intracellular calcium ions in affective psychosis. Biol Psychiat 18:781–797

Dunwiddie TV, Worth T (1982) Sedative and anticonvulsant effects of adenosine analogs in mouse and rat. J Pharmacol Exp Ther 220:70–76

Fujiwara Y, Sato M, Otsuki S (1986) Interaction of carbamazepine and other drugs with adenosine (A_1 and A_2) receptors. Psychopharmacology 90:332–335

Hallacher LM, Sherman WR (1980) The effects of lithium ion and other agents on the activity of myo-inositol-1-phosphatase from bovine brain. J Biol Chem 255:10896–10901

Krämer G, Hopf HC (1987) Carbamazepin in der Neurologie. Thieme, Stuttgart

Lampe H, Bigalke H (1990) Carbamazepine blocks NMDA-activated currents in cultured spinal cord neurons. NeuroReport 1:8–10

Müller-Oerlinghausen B, Haas S, Stoll K-D (1989) Carbamazepin in der Psychiatrie. Thieme, Stuttgart

Okuma T (1983) Therapeutic and prophylactic effects of carbamazepine in bipolar disorders. Psychiat Clin 6:157–174

Olpe HR, Baudry M, Jones RSG (1985) Electrophysiological and neurochemical investigations on the action of carbamazepine of the rat hippocampus. Eur J Pharmacol 110:71–80

Pohl M, Straub H, Speckmann E-J (1992) Low-magnesium induced epileptic discharges in guinea pig hippocampal slices: Depression by the organic calcium antagonist verapamil. Brain Res 577:29–35

Post RM, Uhde TW, Putnam FW, Ballenger CJ, Berrettini WH (1982) Kindling and carbamazepine in affective illness. J Nerv Ment Dis 170:717–731

Schwarz JR (1988) Diphenylhydantoin und Carbamazepin: Antikonvulsive Wirkung durch selektive Blockierung von Natriumkanälen. Epilepsieblätter 1:67–71

Schauf CL, Davis FA, Marder V (1974) Effects of carbamazepine on the ionic conductance of Myxicola giant axons. J Pharmacol Exp Ther 189:538–543

Skeritt JH, Johnston GAR, Chow SC (1983) Interactions of the anticonvulsant carbamazepine with adenosine receptors. 2. Pharmacological studies. Epilepsia 24:643–650

Speckmann E-J (1986) Experimentelle Epilepsieforschung. Wissenschaftl Buchges, Darmstadt

Speckmann E-J, Schulze H, Walden J (1986) Epilepsy and calcium. Urban & Schwarzenberg, München

Speckmann E-J, Walden J, Bingmann D (1989) Die funktionelle Bedeutung von Calciumionen bei epileptischen Anfällen. Antiepileptische Wirkung organischer Calciumantagonisten. Drug Res 39:149–156

Takesaki H, Hanaoka H (1971) The use of carbamazepine in the control of manic depressive psychosis and other manic depressive states. Clin Psychiat 13:173–183

Terrence CF, Sax M, Fromm C-H, Chang C, Yoo S (1983) Effect of baclofen enantiomorphs on the spinal trigeminal nucleus and steric similarities of carbamazepine. Pharmacology 27:85–94

Walden J (1990) Elementarprozesse der synaptischen Erregungsübertragung. Das EEG-Labor 12:174–189

Walden J, Speckmann E-J (1988) Suppression of recurrent generalized tonic-clonic seizure discharges by intraventricular perfusion of a calcium antagonist. Electroenceph Clin Neurophysiol 69:353–362

Walden J, Bingmann D, Moraidis I, Düsing R, Grunze H (1992a) Effects of carbamazepine on the bioelectrical activity of single neurons. Pharmacopsychiat 25:93

Walden J, Witte OW, Speckmann E-J (1992b) Epileptische Anfälle, Entstehung und Therapie. Springer, Berlin Heidelberg

Walden J, Grunze H, Olbrich H, Berger M (1992c) Bedeutung von Calciumionen und Calciumantagonisten bei affektiven Psychosen. Fortschr Neurol Psychiat 60:471–476

Walden J, Grunze H, Bingmann D, Liu Z, Düsing R (1992d) Calciumantagonistic effects of carbamazepin as a mechanism of action in neuropsychiatric disorders: Studies in calcium dependent model epilepsies. Eur Neuropsychopharmacol 2: 455–462

Wunderlich H-P (1990) Carbamazepin bei affektiven Psychosen. Zuckschwerdt, München Bern Wien San Francisco

Behandlung von dysthymen Symptomenkomplexen mit Carbamazepin

von

Steffen Haas

Einleitung

Beim Carbamazepin handelt es sich ohne jeden Zweifel um eines der schillerndsten psychotropen Medikamente, welches seit 35 Jahren in der Neuropsychiatrie eingesetzt wird. Wegen seiner psychotropen Wirkung, vor allem der antimanischen, antiaggressiven sowie anxiolytischen, hat das Interesse an dem trizyklischen Antikonvulsivum Carbamazepin in den letzten Jahren bei klinisch tätigen und niedergelassenen Psychiatern stark zugenommen. In Tabelle I sind die zur Zeit möglichen Einsatzgebiete des Carbamazepins aufgelistet, und zwar aufgeteilt nach seinem etablierten und möglichen Einsatz im Gebiet der Neuropsychiatrie. Die psychotropen

Tabelle I.

Neuropsychiatrie, »etabliert«
- Epilepsien (Anfälle, psychotrope Wirkung)
- Affektive Psychosen
- Alkoholentzugssyndrom
- Neuralgien
- Mono- und Polyneuropathien
- Multiple Sklerose, Paroxysmen

Neuropsychiatrie, möglich
- Schizophrenien
- Katatoner Stupor
- Borderline-Syndrom
- Verhaltensstörungen
- Panikattacken
- Eßstörungen
- Neuromuskuläre Übererregbarkeit

Sonstige klinische, zugelassen (bei Diabetes) oder möglich
- Diabetes insipidus
- Tinnitus
- Migräne, Kopfschmerzen
- Herzarrhythmien

Potenzen des Carbamazepins wurden Anfang der 70er Jahre von zwei japanischen Arbeitsgruppen (Takezaki und Hanaoka 1971; Okuma et al. 1973) beschrieben, die sich vor allem in einer Milderung epileptischer Wesensänderung und von epileptischen Psychosen manifestierten. Ihre Erfahrungen blieben außerhalb Japans lange unbemerkt, bis durch *Post* in Amerika 1980 und in Deutschland vor allem von den Arbeitsgruppen um *Emrich* (1985) und *Wunderlich* (1982) die therapeutische Wirksamkeit von Carbamazepin bei affektiven Psychosen, insbesondere bei den Manien, den manisch-depressiven Erkrankungen und mit Einschränkungen bei den unipolaren Depressionen sowie bei Alkoholentzugssyndromen nachgewiesen werden konnte.

Anmerkungen zu möglichen Wirkweisen des Carbamazepins

Wie eingangs schon erwähnt wurde, befindet sich das Wirkspektrum des CBZ an den Nahtstellen zwischen Neurologie und Psychiatrie.
Chemisch gesehen gehört das CBZ zu den trizyklischen Verbindungen und unterscheidet sich dadurch von den übrigen etablierten Antiepileptika. Sein Ringgerüst (Tabelle II) ist mit einigen Antidepressiva wie Clomipramin oder Imipramin nahe verwandt. Als gut lipoidlösliche Substanz kann das CBZ alle Membranen im Körper einschließlich der Blut-Hirn-Schranke leicht passieren. Der Ausscheidung geht eine Biotransformation in besser wasserlösliche Metaboliten voran. Die Abbauenzyme sind in der Leber lokalisiert. Ihre Aktivitäten bestimmen die Verweildauer von CBZ im Organismus und haben damit eine direkte Auswirkung auf die Dosierungshäufigkeit sowie die Dosishöhe. Ein klinisch relevantes CBZ-Derivat ist das Oxcarbamazepin.

Tabelle II. Pharmakologie und Wirkweisen von Carbamazepin.

Wirkprofil
– antikonvulsiv
– antiaggressiv
– antineuralgisch/analgetisch
– antimanisch
– antidepressiv
– antiamnestisch
– anxiolytisch

Strukturformel von Carbamazepin:

Wirkmechanismus
– Beeinflussung der chemischen Transmission wie z.B.
  GABA-erger
  Glutamat-erger
  Dopamin-erger
  Purin-erger
  Peptid-erger Transmittersysteme
– stabilisierender Effekt auf erregbare Membranen
– Hemmung der repetitiven neuronalen Entladungen
– Verminderung der synaptischen Erregungsausbreitung

Wie aus Tabelle II zu erkennen ist, zeichnet sich das Wirkprofil des CBZ durch antikonvulsive, antiaggressive, anxiolytische, antimanische, antiamnestische sowie analgetische und antineuralgische und wahrscheinlich auch leicht antidepressive Wirkprofile aus.

Nach allgemeiner Auffassung sind für die therapeutische Wirksamkeit des CBZ die zerebralen Angriffsorte im Bereich thalamischer Bahnen, die Retikularformationen und das limbische System von Bedeutung. *Emrich* (1992) wies auf die zentrale Rolle des Mandelkerns sowie des Locus coeruleus als Angriffsort des CBZ hin, wobei letzterer wesentlich an den divergenten Leistungen des Gehirns mitbeteiligt ist, insbesondere an den Leistungen wie Aufmerksamkeit und Aktivation. Der Mandelkern kann als Eintrittspforte der Erregungsmuster von Kognition und Emotion in das limbische System gelten, so daß offensichtlich durch CBZ überschießende emotionale Reaktionen gedämpft werden.

Ballenger und *Post* (1978) sowie *Pinel* (1982) gehen davon aus, daß das Gehirn an verschiedenen Stellen, vor allem im Bereich des limbischen Systems, periodisch mit schwachen Reizen stimuliert wird, ohne daß dadurch Veränderungen entstehen. Erst durch die wiederholte Reizung wird die Nachentladungsschwelle so erniedrigt, daß Stimulationen mit unterschwelligen Reizungen schließlich doch eine Nachentladung auslösen können mit der Folge des Auftretens von leichteren motorischen Automatismen bis hin zu Anfällen als Ausdruck gestörter Gegenregulationsmechanismen (Kindling-Phänomen). CBZ wirkt dämpfend auf das Kindling und führt somit zu einer Regulierung der Affekte mit Rückkopplung kortikaler, limbischer und Hirnstammstrukturen im Sinne einer divergenten Filterfunktion. Insofern greift CBZ wahrscheinlich aus neuropsychologischer Gesamtsicht als Systemleistung in die Kognition und Emotionalität ein. Nach *Emrich* (1992) handelt es sich bei CBZ um einen sog. »mood stabilizer«, der die neuronale Kapazität beim Zustandekommen emotionaler sowie kognitiver Leistungen beeinflußt.

Klinische Konsequenzen bzw. Indikationsmöglichkeiten für Carbamazepin

Zuvor wurde auf die möglichen Wirkpotenzen des CBZ als Systemleistung auf emotional-kognitive Prozesse im Sinne eines »mood stabilizers« hingewiesen. Diese hypothetischen Vorstellungen erklären möglicherweise die therapeutische Beeinflußbarkeit der verschiedensten dysthymen-dysphorischen Verstimmungszustände. Ich setze CBZ seit Anfang der 80er Jahre klinisch in einem weitgespannten Indikationsgebiet ein. Ermutigt wurde ich durch kasuistische Einzelerfolge und durch den klinisch-empirischen Gesamteindruck. 1987 führte ich gemeinsam mit *Müller-Oerlinghausen* und *Stoll* im Psychiatrischen Krankenhaus Eichberg ein Expertengespräch durch, als dessen Ergebnis 1989 das Buch »Carbamazepin in der Psychiatrie« erschien. Dessen Schwerpunkt umfaßt den Einsatz des CBZ u.a. beim Alkoholentzugssyndrom, dem manischen Syndrom und der Prophylaxe rezidivierender affektiver Psychosen. Die Behandlung nichtpsychotischer

Verhaltensauffälligkeiten wurde nur marginal behandelt. Nach klinisch-empirischer Erfahrung hat sich darüber hinaus der Einsatz des CBZ bei einer Vielzahl von Symptomenkomplexen herauskristallisiert, die ich im folgenden als »dysthym-dysphorisches Syndrom« (DDS) beschreiben werde. Es handelt sich dabei um eher unspezifische seelische Auffälligkeiten unterschiedlicher Ätiologie. Erfaßt werden sollen Verstimmungszustände und teilweise auch Verhaltensstörungen, die häufig durch eine eher mißmutig gereizte Stimmung, durch Unlustgefühle, erhöhte Irritation, Angst- und auch teilweise aggressive Gestimmtheit gekennzeichnet sind und die nicht selten paroxysmal oder auch zirkulär/periodisch auftreten können. Die Beschwerden wurden früher unter dem Begriff der Dysthymie subsummiert mit den im Vordergrund stehenden Symptomen wie hypochondrisch-neurasthenische Leibbeschwerden, Angst und mißmutig gereizte Verstimmung. In die Verhaltensauffälligkeiten sind auch die Neigung zu depressiven Verstimmungszuständen und depressiver Erlebnisverarbeitung mit eingeschlossen. Nach Literaturauswertung sowie vor allem nach eigenen klinischen Erfahrungen besitzt CBZ ohne jeden Zweifel bei diesen teilweise unspezifischen, in der Regel nicht psychotisch verursachten Verhaltensauffälligkeiten einen therapeutischen Effekt. Das vorgestellte Modell von *Emrich* (1992), daß CBZ ein »mood stabilizer« sei, erklärt und ermutigt seinen Einsatz bei diesen klinisch eher unscharfen und sich überlappenden Bildern. Je nach der Schwere dieser Zustände erfolgt die Gabe von CBZ in Monotherapie oder als Adjuvans zu Antidepressiva oder Neuroleptika.

Folgende Indikationsgebiete für den Einsatz des CBZ lassen sich nach klinisch-empirischem Eindruck herauskristallisieren. Im Rahmen neurotisch-psychogener Genese: dysthym-dysphorische Störungen oder Verhaltensauffälligkeiten, z.B. bei Angstkrankheiten, Suizidalität, süchtiger Entwicklung und chronischem Alkoholmißbrauch; depressive Verstimmungszustände bei bipolaren und/oder chronifizierten Verlaufsformen mit Somatierungstendenzen. Ferner kann sein Einsatz bei Zwangsstörungen und Persönlichkeitsstörungen, vor allem den sogenannten Borderline-Störungen mit dysthym-dysphorisch gefärbten Drang- oder Zwangszuständen, Impulskontrollverlust, Gewalttätigkeit und Suchtentwicklung erwogen werden. Ein weiteres sehr erfolgreiches Einsatzgebiet stellen Verstimmungszustände hirnorganischer Genese dar. Das betrifft u.a. Hirnschädigungen mit aggressiver Ausgestaltung, Erregungszustände bei verschiedenen Schwachsinnsformen, Verstimmungszustände bei Epilepsien sowie anderer neuropsychiatrischer Krankheitsbilder und postpartale Verstimmungszustände. Diese Verstimmungszustände können selbstverständlich auch im Rahmen endogener Psychosen auftreten, hier gehäuft bei bipolaren Depressionen mit Chronifizierungstendenzen, atypischen Depressionen, chronifizierten subeuphorisch-manischen Zuständen in Form verdünnter chronifizierter Manien und auch akuter und/oder chronischer schizophrener Psychosen mit affektiver Ausgestaltung im Rahmen schizoaffektiver Psychosen. Ferner kann der Einsatz des CBZ bei durch Alkoholprobleme komplizierten Psychosen erwogen werden sowie bei solchen Psychosen, die sich gegenüber den klassischen Neuroleptika als therapieresistent erweisen. Weitere Einsatzgebiete des CBZ sind psychisch überlagerte chronifizierte Schmerzzustände, Ticerkrankungen und teilweise Eßstörungen sowie im Rahmen der Kinder- und Jugendpsychiatrie bei hyperkinetischen und hyperemotionalen Syndromen. Es wäre jetzt wenig sinnvoll und auch kaum möglich, zu den Einsatzmöglichkeiten genauere Fallbeispiele aufzulisten. Der erfahrene Kliniker wird sich bei den aufgeführten Störungen unschwer an einige erfolgreich behandelte Patienten erinnern. Folgende Persönlichkeitsmerkmale oder Eingangskriterien sollten – wenn auch unterschiedlich ausgeprägt – an den Einsatz von CBZ denken lassen (Tabelle III): Unspezifische, meist negativ getönte Verstimmungszustände, häufig paroxysmal auftretend mit Ängstlichkeit, depressiver Ausgestaltung, Eigen- oder Fremdaggressivität, Agitiertheit oder Erregung, mit hirnorganischer Überlagerung sowie heftigen Affektausbrüchen sowie Hyperaktivität. Auch bei vorhandener Suizidalität, Somatisierungstendenzen, chronifizierten maniformen Verstimmungszuständen sowie bei hirnorganischer Beteiligung ist der Einsatz des CBZ zu erwägen. Pathologisch aggressives Verhalten mit dysphorischen Verstimmungen bei Epilepsiekranken wird in der Regel verbessert. Außerdem soll es bei gewalttätigen schizophrenen Patienten und bei Patienten mit Borderline-Persönlichkeitsstörungen eine günstige Auswirkung auf das aggressive Verhalten besitzen. Von einigen Autoren wird jedoch diese antiaggressive Wirkung des CBZ skeptisch beurteilt und die beobachteten Effekte eher auf eine allgemeine affektstabilisierende Wirkung dieser Substanz zurückgeführt. Klinisch erhält man nicht selten bei den Betroffenen, die an einem solchen dysthymen-dysphorischen Symptomenkomplex leiden, den Eindruck, als ob es sich um verdünnte, entweder nicht voll ausgeprägte oder nicht vollständige Ausformungen von typischen neurotischen Störungen oder endogenen und/oder exogen verursachten Krankheitsbildern handelt. Der Vollständigkeit halber muß erwähnt werden, daß auch bei Patienten mit Vollbildern solcher Psychosen, die jedoch auf die herkömmlichen typischen oder atypischen Neuroleptika oder die hochselektiv wirksamen Antidepressiva nicht oder mit ausgepräg-

Tabelle III. Persönlichkeitsmerkmale und sonstige Parameter, die den Einsatz von Carbamazepin rechtfertigen.

- Unspezifische – meist negativ getönte – Verstimmungszustände, häufig paroxysmal auftretend mit
    Ängstlichkeit
    Eigen- und/oder Fremdaggressivität
    Agitiertheit und Erregung
    mit hirnorganisch (anmutender) Überlagerung
    heftigen Affektausbrüchen und Hyperaktivität
    intermittierendem Kontrollverlust
- Depressiv getönte Verstimmungszustände, teilweise
    periodisch auftretend
    zyklothyme Ausgestaltung
    Suizidalität
    Somatisierungstendenzen
- Chronisch-maniforme Verstimmungszustände
- Hirnorganische Mitverursachung bzw. Überlagerung

---

ten Nebenwirkungen reagieren, der monotherapeutische sowie kombinierte Einsatz des CBZ erwogen werden kann und auch sollte.

Kürzlich habe ich gemeinsam mit *Novikov* (1992) 57 Patienten mit dysthymen Verstimmungen, die nicht auf die Gabe von Benzodiazepinen und Antidepressiva ansprachen, untersucht und auf CBZ eingestellt. CBZ zeigte bei den meisten Fällen eine gute Wirksamkeit, wobei sich bei dieser Gruppe in 30% der Fälle im CCT hirnorganische Abnormitäten fanden. Weitere positive Ergebnisse ließen sich mit einer Kombinationsbehandlung von CBZ mit einer Basistherapie bei chronifizierten zyklothym ausgeformten dysthymen Verstimmungen und affektiv mitausgestalteten schizophrenen Psychosen erzielen. Ein klinisch besonders wesentlicher Vorteil des CBZ ist seine fehlende suchterzeugende Potenz. Vor allem bei unspezifischen dysthymen Verstimmungen sollte vor dem Einsatz von Tranquilizern eine Therapie mit CBZ erwogen werden. Klinisch ließ sich feststellen, daß Patienten mit solchen unspezifischen Verstimmungszuständen, die durch Benzodiazepine eine Linderung erfuhren, nicht selten einen süchtigen Mißbrauch entwickelten.

Abschließend möchte ich einige praktische Hinweise zur Dosierung geben. Die Hauptdosis der Medikation sollte zu einem Drittel morgens und zu zwei Dritteln abends oder nur einmalig vor dem Schlafengehen eingenommen werden. Von *Emrich* (1992) wird ein sogenanntes therapeutisches Fenster mit Blutspiegelwerten von 10 bis 14 µg/ml diskutiert. Grundsätzlich sollte man sich bei der Dosierung weniger nach den Blutspiegelwerten als vielmehr nach der klinischen Wirksamkeit bei fehlenden Nebenwirkungen richten. Die Dauer der Therapie kann je nach Leidensdruck und erneutem Wiederauftreten der Beschwerden über Monate bis Jahre dauern.

Nebenwirkungen sind erstaunlich selten und meist nur bei zu schneller Aufsättigung vorhanden, vor allem im Rahmen nicht psychotisch verursachter Beschwerden. Bis jetzt zwangen mich nur in ganz wenigen Fällen das seltene Auftreten allergischer Exantheme zum sofortigen Absetzen des CBZ. Auf eine weitere detaillierte Auflistung der Nebenwirkungen, der Toxizität sowie der Risiken des CBZ kann in diesem Rahmen nicht weiter eingegangen werden.

Literatur beim Verfasser.

Carbamazepin
in der psychiatrischen Klinik

Ergebnisse einer Befragung

von
Günter Lurz

In den Monaten April und Mai 1992 konnte ich mit freundlicher Unterstützung der Klinikreferenten der Firma Desitin Arzneimittel GmbH eine Befragung in psychiatrischen Kliniken der Bundesrepublik Deutschland durchführen. Es sollten Informationen darüber gesammelt werden, wie in der klinischen Psychiatrie die Substanz Carbamazepin (CBZ) in ihrer Wirksamkeit beurteilt, wann sie eingesetzt und wie sie gehandhabt wird. Im folgenden werde ich die aus meiner Sicht wesentlichen Ergebnisse zusammenfassend darstellen.

Zwei Dinge haben mich zur Durchführung dieser Erhebung bewogen: Im Herbst 1991 haben wir uns im Landeskrankenhaus Lüneburg im Rahmen einer etwa zehn Termine umfassenden Fortbildungsreihe mit allen wesentlichen Aspekten der Substanz CBZ beschäftigt. An ihr wurden beispielhaft die Probleme moderner Psychopharmaka und der modernen Psychopharmakotherapie diskutiert. Die Reaktionen der Kolleginnen und Kollegen auf diesen Informationszuwachs waren sehr unterschiedlich: eine Gruppe fühlte sich auf Grund der in der Literatur oftmals euphemistisch beschriebenen Wirkung der Substanz berechtigt, diese nun in größerem Umfang und mit ausgeweiteter Indikation einzusetzen. Einer anderen Gruppe wurde die Substanz eher unheimlich. Besonders die in der Literatur zu findende, beinahe inflationäre Indikationsausweitung der letzten Jahre auf der einen Seite und eine Reihe auch weiterhin offengebliebener Fragen, wie z.B. die der Differentialindikation oder die der Proportionalität zwischen Dosierung und therapeutischem Effekt, führten dazu, daß diese Gruppe im Umgang mit der Substanz deutlich strengere Maßstäbe ansetzte.

Eine weitere Überlegung kam hinzu: Für den vorwiegend klinisch tätigen Psychiater sind Phasenprophylaktika nur schwer zu fassende Substanzen. Die Patienten werden – zumeist gegen Ende des stationären Aufenthaltes – auf diese Medikamente eingestellt und dann entlassen in der Hoffnung, daß sich bei diesen Patienten die in der Literatur beschriebene Wirkung einstellen möge. Andererseits werden die Kliniker häufig gerade mit dem Versagen dieser Substanzen konfrontiert, wenn die einmal eingestellten Patienten erneut erkrankt wieder auf die Station kommen. Anders als bei den während des stationären Aufenthaltes verwendeten Psychopharmaka kann mit Phasenprophylaktika keine unmittelbare Erfahrung gesammelt und somit das eigene psychopharmakologische Tun überprüft werden.

So stellte sich, auch zur besseren Einordnung des eigenen Umganges mit der Substanz, die Frage, wie denn andere Kliniker diese Substanz handhaben, welche Erfahrungen sie gemacht haben. Die in der Literatur berichteten Untersuchungen beziehen sich häufig auf Patienten, die sich von der Klientel eines psychiatrischen Großkrankenhauses mit Regionalversorgungsauftrag erheblich unterscheiden. Oft besteht deswegen ein gewisses Mißtrauen gegen die dort berichteten Erfahrungen. Gefragt waren also Einschätzungen aus dem Landeskrankenhaus vergleichbaren psychiatrischen Arbeitsfeldern im deutschsprachigen Raum.

Die Aussagefähigkeit einer solch offen angelegten Untersuchung steht und fällt mit dem Umfang und der Beschaffenheit der Stichprobe: Insgesamt antworteten 65 Ärzte aus 56 Kliniken, 52 aus den alten und 13 aus den neuen Bundesländern. Mit insgesamt 45537 Betten und 87604 Aufnahmen pro Jahr repräsentiert diese Stichprobe knapp ein Viertel der jährlich aufgenommenen bundesdeutschen akut-psychiatrischen Patienten. 42 Kliniken haben einen regionalen Versorgungsauftrag mit einem Gesamtversorgungsbereich von 31 Millionen Einwohnern, also etwa 40% der bundesdeutschen Bevölkerung.
Die Zusammensetzung der Klientel entspricht etwa der einer akut-psychiatrischen Klinik: 35% akut Kranke, 15% psychogen Gestörte, 19% chronisch Kranke, 12% gerontopsychiatrische, 13% abhängige und 5% hirnorganisch gestörte Patienten.
Untersucht man die Verteilung der Patienten, sortiert nach den verschiedenen Kliniktypen (Abbildung 1), so wird das »Vorurteil« bestätigt, daß in den Großkrankenhäusern anteilig deutlich mehr akut psychotisch erkrankte Patienten als z.B. in den kleineren psychiatrischen Fachkliniken oder den

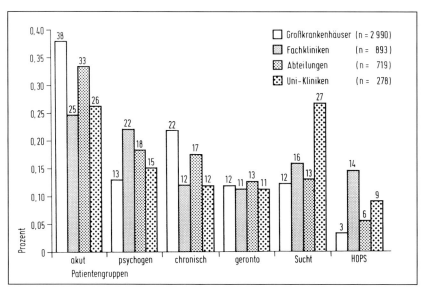

Abbildung 1. Verteilung der Patientengruppen nach Kliniktypen.

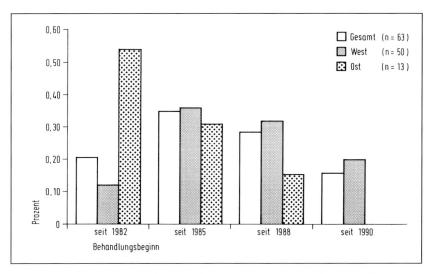

Abbildung 2. Seit wann verordnen Sie CBZ bei psychiatrischen Störungen?

Universitätskliniken versorgt werden. Auch die chronisch Kranken sind in den Großkrankenhäusern und psychiatrischen Fachabteilungen deutlich häufiger anzutreffen, während psychogen gestörte Patienten beinahe doppelt so häufig in psychiatrischen Fachkliniken als in Großkrankenhäusern versorgt werden. Überraschend ist der große Anteil abhängigkeitskranker Patienten in den sechs antwortenden Universitätskliniken.

Nun zu den Antworten auf die Fragen nach dem klinischen Gebrauch und der Effizienzbeurteilung der CBZ:

Die erste Frage lautete, seit wann mit der Substanz in der Klinik gearbeitet wird. In Abbildung 2 werden beträchtliche Unterschiede in der Erfahrungsdauer zwischen den alten und den neuen Bundesländern deutlich: Während 1982 – das war die früheste von mir vorgegebene Kategorie – bereits mehr als 50% der ostdeutschen Kollegen mit CBZ arbeiteten, waren dies in den alten Bundesländern nur etwas mehr als 10%. Erst 1986 wird die Substanz hier in größerem Umfang eingesetzt, etwa zwei Jahre später als in den neuen Bundesländern. Hier wie dort erfolgte der Behandlungsbeginn in den psychiatrischen Universitätskliniken ein bis zwei Jahre früher als in den übrigen Kliniken.
Sowohl in den alten wie auch in den neuen Bundesländern werden etwa 6% aller psychiatrischen Patienten mit CBZ-Präparaten behandelt, in den Unikliniken etwa 1–2% mehr. Hier ist der etwa doppelt so hohe Anteil Abhängigkeitskranker zu berücksichtigen.

Eine der Kernfragen dieser Erhebung bezieht sich auf die Beurteilung der therapeutischen Wirksamkeit der Substanz bei den verschiedenen psychiatrischen Syndromen (Abbildung 3).

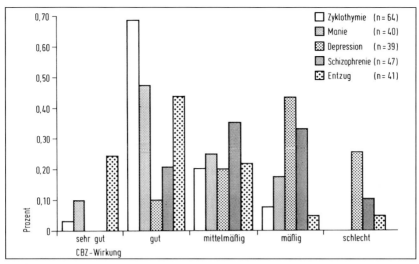

Abbildung 3. Beurteilung der CBZ-Wirkung bei verschiedenen Krankheitsbildern.

In der Behandlung zyklothymer Erkrankungen, akuter Manien und beim Alkoholentzugssyndrom wird die Wirkung des CBZ als besonders gut eingeschätzt. Allein 25% der Antwortenden beurteilen die Wirkung bei der Behandlung von Entzugssyndromen mit »sehr gut«. Faßt man jedoch die Kategorien »gut« und »sehr gut« zusammen, ist der therapeutische Effekt der Substanz bei den drei genannten Krankheitsgruppen als etwa gleich gut eingeschätzt worden. Bemerkenswerterweise wird das CBZ bei akuten Depressionen als deutlich weniger wirksam eingeschätzt als bei affektiven Störungen im Rahmen schizophrener Psychosen. Dies bestätigt die Aussage meiner beiden Vorredner und wird auch durch spätere Ausführungen meinerseits unterstrichen werden.

Retard- und Einfachformen der Substanz werden in den alten und neuen Bundesländern unterschiedlich häufig verwendet. Wie Tabelle I verdeutlicht, kommen in den alten Bundesländern vorwiegend Retardpräparate zum Einsatz, in den neuen war diese Verabreichungsform bis zur Wende nicht verfügbar. Aber auch heute noch werden dort sehr viel häufiger Einfachpräparate verwendet als im Westen.

Tabelle I. Verwendung von Retardformen in den Unterstichproben.

	0%		ca. 10%		ca. 33%		ca. 50%		ca. 66%		> 75%	
	n	%	n	%	n	%	n	%	n	%	n	%
Gesamt n = 64	4	6,25	11	17,18	4	6,25	9	14,06	3	4,69	33	51,56
West n = 52	3	5,77	6	11,54	2	3,85	6	11,54	3	5,77	32	61,44
Ost n = 12	1	8,33	5	41,67	2	16,67	3	25,00	0	0,00	1	8,33

Auf die Frage nach der durchschnittlich verabreichten Tagesdosis und dem angestrebten Plasmaspiegel ergaben sich wider Erwarten sehr homogene Antworten: So verabreichen etwa 90% der antwortenden Ärzte ihren Patienten Dosierungen, die zwischen 600 und 900 mg/Tag liegen. Nur ganz vereinzelt werden niedrigere oder unwesentlich höhere Dosen verabreicht. Mehr als 2/3 der antwortenden Kliniker streben einen Plasmaspiegel an, der zwischen 6 und 8 mg/l liegt. Auch hier werden nur wenig Abweichungen genannt, die über oder unter diesem Mittelbereich liegen. Interressanterweise beurteilen sowohl die Niedrig- als auch die Höherdosierenden den CBZ-Effekt auf die verschiedenen Krankheitsbilder gleich.

Eine sehr unterschiedliche Handhabung der Substanz in den alten und den neuen Bundesländern ist festzustellen, wenn danach gefragt wird, wie schnell Patienten auf die Substanz eingestellt werden. Tabelle II zeigt, daß

Tabelle II. Dauer für CBZ-Neueinstellungen.

	In 1 Tag		In 2–4 Tagen		In 5–8 Tagen		In 9–14 Tagen		In > 15 Tagen	
	n	%	n	%	n	%	n	%	n	%
Gesamt n = 63	2	3,17	14	22,22	23	36,51	18	28,57	6	9,52
West n = 50	0	0,00	8	16,00	21	42,00	17	34,00	4	8,00
Ost n = 13	2	15,38	6	46,15	2	15,38	1	7,69	2	15,38

etwa 40% der westdeutschen Psychiater innerhalb einer Woche die Einstellung durchführen, ein weiteres Drittel benötigt etwa zwei Wochen dazu. Sehr viel schneller geschieht dies in den neuen Bundesländern. Beinahe 2/3 der Kliniker benötigen nur bis zu vier Tagen, um die erwünschte Plasmakonzentration zu erreichen. Es sei aber noch einmal an die sehr viel häufigere Verwendung der Einfachpräparate in den alten Bundesländern erinnert.

In der Literatur wird das Problem der Proportionalität zwischen therapeutischem Effekt und Dosierung bisher nur unbefriedigend beantwortet. Auf die Frage: »Ist mit höheren CBZ-Dosierungen ein besserer therapeutischer Effekt zu erreichen?« (Tabelle III) meinte knapp die Hälfte der Antwortenden »eher nein«, knapp ein Drittel ist sich unsicher und nur etwa ein Sechstel antwortet zustimmend. Insgesamt herrscht also eher eine zurückhaltende Beurteilung vor. Betrachtet man die Gruppe der zustimmend ant-

Tabelle III. Einschätzung der besseren therapeutischen Wirksamkeit höherer CBZ-Dosierungen.

	Keine Erf.		Ja, sicher		Eher ja		Unsicher		Eher nein		Sicher nicht	
	n	%	n	rel.%	n	rel.%	n	rel.%	n	rel.%	n	rel.%
Gesamt n = 64	27	42,19	1	2,70	5	13,51	11	29,73	18	48,65	2	5,41
West n = 51	22	43,14	1	3,45	4	13,79	8	27,59	15	51,72	1	3,45
Ost n = 13	5	38,46	0	0,00	1	12,50	3	37,50	3	37,50	1	12,50

wortenden Ärztinnen und Ärzte, so fällt auf, daß sich diese von ihren jeweiligen Gruppenmittelwerten in einer Reihe weiterer Variablen unterscheiden. Ich möchte sie als die Gruppe der »CBZ-Enthusiasten« bezeichnen. So beurteilen sie u.a. den CBZ-Effekt auf die verschiedenen psychiatrischen Störungen insgesamt günstiger, dosieren höher und stellen die Patienten auch schneller ein als die anderen.

Ein weiterer zentraler Punkt der Befragung ist der Vergleich der Wirksamkeit von CBZ-Prophylaxen mit denen, die mit Lithiumsalzen durchgeführt werden. Abbildung 4 zeigt, daß 46% der Befragten die Wirksam-

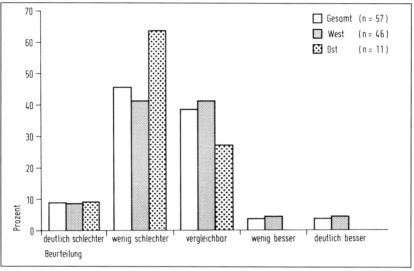

Abbildung 4. Vergleich der prophylaktischen Wirkung von CBZ im Vergleich mit Lithium.

keit der CBZ-Prophylaxe als »wenig schlechter« und 39% als »vergleichbar« beurteilen. CBZ ist also als ein den Lithiumsalzen durchaus vergleichbares Phasenprophylaktikum anzusehen.

Auch die Frage der Differentialindikation, bei welchen Störungen eine CBZ- und bei welchen eine Lithiumprophylaxe vorzuziehen ist, wird in der Literatur bisher nicht befriedigend beantwortet. Im folgenden sind die gegebenen Antworten auf diese Frage im Originaltext aufgeführt.

Im ersten Teil der Frage sollten die psychopathologischen Syndrome genannt werden, bei denen das CBZ als den Lithiumsalzen überlegen beurteilt wird. In 25 Nennungen wurden 2mal je drei Syndrome, 6mal je zwei und 17mal ein Syndrom genannt:

9mal   bei schizoaffektiven Psychosen,
5mal   bei Patienten mit raschem Phasenwechsel,
3mal   bei Zyklothymien,

| 2mal | bei multimorbiden Patienten, |

2mal   bei multimorbiden Patienten,
2mal   bei Patienten mit schlechter Compliance,
je einmal bei Patienten mit bipolarer affektiver Psychose, Abhängigkeit, endogener Depression, Schizophrenie, adipösen Patienten, Psychosen mit psychotischen Anteilen, Psychosen mit hirnorganischer Beteiligung, Psychosen mit affektiven Anteilen, manisch-depressiven Erkrankungen, Mischpsychosen, zerebralem Anfallsleiden, Patienten mit Suizidrisiko, Patienten mit Neuroleptikamedikation und bei Schizomanien.

Im zweiten Teil der Frage sollten die psychopathologischen Syndrome genannt werden, bei denen die Lithiumsalze als dem CBZ überlegen beurteilt werden. Es antworteten 15 Kolleginnen und Kollegen. 3mal wurden je zwei Syndrome, 12mal ein Syndrom genannt:

5mal   bei Zyklothymien,
3mal   bei Manien,
2mal   bei bipolaren affektiven Psychosen,
2mal   bei depressiven Psychosen (monopolar),
je einmal bei Patienten mittleren Alters, Psychosen mit affektiven Anteilen, endogener Depression, zuverlässigen Patienten, körperlich gesunden Patienten und bei manisch-depressiver Erkrankung.

Insgesamt ergibt sich bei der Zusammenfassung dieser »klinischen Mitteilungen« ein überraschend konsistentes Bild: Das CBZ wird als den Lithiumsalzen überlegen beurteilt, wenn es sich um die Behandlung affektiver Störungen im Rahmen schizophrener Psychosen handelt, desgl. bei den sog. »rapid cyclern«. Lithiumsalze hingegen werden bei rein zyklothymen Erkrankungen als dem CBZ überlegen eingeschätzt. Kommen jedoch weitere komplizierende Faktoren hinzu, z.B. internistische oder hirnorganische Störungen, Complianceprobleme usw., wird lieber zum CBZ gegriffen, um eine prophylaktische Behandlung durchzuführen.

Obwohl in der Gebrauchsinformation zum CBZ von einer gleichzeitigen Behandlung mit Lithiumsalzen abgeraten wird, ging ich der Frage nach, ob mit einer Doppelprophylaxe evtl. ein effektiverer Schutz zu erreichen sei. Nur 18 der 65 Antwortenden gaben an, mit dieser Behandlungsform keine Erfahrungen zu haben. Tabelle IV zeigt, daß immerhin von 45% eine Doppelprophylaxe als wirksamer eingeschätzt wird, als die Behandlung mit nur einer der beiden Substanzen. 36% sind sich unsicher, knapp 20% antworteten mit »eher nein«.

Tabelle IV. Einschätzung der besseren Wirksamkeit von Doppelprophylaxen.

	Ja, ganz sicher		Eher ja		Unsicher		Eher nein		Sicher nicht	
	n	%	n	%	n	%	n	%	n	%
Gesamt n = 47	2	4,26	19	40,43	17	36,17	9	19,15	0	0,00
West n = 38	2	5,26	14	36,84	14	36,84	8	21,05	0	0,00
Ost n = 9	0	0,00	5	55,56	3	33,33	1	11,11	0	0,00

Aufgrund dieser klinischen Erfahrungen läßt sich meiner Meinung nach sehr wohl der Versuch einer doppelprophylaktischen Behandlung rechtfertigen, wenn eine Monotherapie nicht zu dem gewünschten Effekt geführt hat.

Als nächstes waren die Befragten aufgefordert, die Nebenwirkungen der beiden Substanzen zu vergleichen. Tabelle V zeigt, daß von knapp 2/3 der

Tabelle V. Vergleich der Nebenwirkungsrate von CBZ- zu Lithiumpräparaten.

	Sehr viel besser		Besser		Gleich		Schlechter		Sehr viel schlechter	
	n	%	n	%	n	%	n	%	n	%
Gesamt n = 64	11	17,19	30	46,88	14	21,88	9	14,06	0	0,00
West n = 51	8	15,69	25	49,02	13	25,49	5	9,80	0	0,00
Ost n = 13	3	23,08	5	38,46	1	7,69	4	30,77	0	0,00

Kliniker die Nebenwirkungen des CBZ günstiger eingeschätzt werden als die der Lithiumsalze.
Es fallen die neun Kolleginnen und Kollegen auf, die die Nebenwirkungen des CBZ in Abweichungen von den anderen als schlechter einschätzen. Eine genauere Betrachtung dieser Untergruppe zeigt, daß sie deutlich seltener Retardpräparate einsetzt als die anderen. Es liegt nahe, den häufigereren Gebrauch der nicht retardierten CBZ-Form als wesentliche Ursache für die ungünstige Einschätzung der CBZ-Nebenwirkungen anzusehen.

Auch nicht gegebene Antworten können Informationswert besitzen. Auf die Frage, ob Interaktionen des CBZ mit anderen Psychopharmaka beobachtet worden seien, machten die Befragten nur ganz vereinzelt Angaben (Tabelle VI).

Tabelle VI. Originaltext der sechs Nennungen auf die Frage nach Interaktionen des CBZ mit anderen Psychopharmaka.

1. Mit Lithium Impetigo, mit Neuroleptika starke Sedierung und Verwirrtheit (cave Dosis).
2. Mit Clozapin Verstärkung der Leukozytendepression, selten.
3. Mit Benzodiazepinen.
4. Mit den o.g. Medikamenten keine Kombination, z.B. Clozapin…Agranulozytose- …(Vermutung)…(…=unleserlich, Erläuterung vom Referenten).
5. Keine, aber wir verzichten in der Regel auf die Kombination mit Clozapin.
6. Wirkungsverlust von Clomipramin nach Zugabe von CBZ (1 Fall).

Einmal wird von einer Verstärkung der Benzodiazepin-Wirkung berichtet, ein anderes Mal wird ein Wirkungsverlust des Clomipramins bei der Zugabe von CBZ – wohl im Rahmen der metabolischen Enzyminduktion – erwähnt. Offensichtlich interagiert die Substanz in klinisch nur unbedeutendem Ausmaß mit anderen Psychopharmaka, auch nicht mit dem Clozapin. Die häufig geäußerte Befürchtung der Potenzierung blutbildschädigender Wirkungen beider Substanzen spielt im klinischen Alltag wohl keine wesentliche Rolle.

In den alten Bundesländern setzt jeder vierte Psychiater CBZ genauso häufig oder häufiger zur Phasenprophylaxe ein als die Lithiumsalze. Aus Tabelle VII sind die Häufigkeiten im einzelnen abzulesen.

Tabelle VII. Anteil der mit CBZ durchgeführten Phasenprophylaxen.

	In 0%		In ca. 10%		In ca. 33%		In ca. 50%		In ca. 66%		In > 75%	
	n	%	n	%	n	%	n	%	n	%	n	%
Gesamt n = 63	2	3,17	24	38,10	22	34,92	10	15,87	4	6,35	1	1,59
West n = 51	1	1,96	14	27,45	20	39,22	10	19,61	4	7,84	1	1,96
Ost n = 13	1	7,69	10	76,92	2	15,38	0	0,00	0	0,00	0	0,00

Zum Schluß sollte noch einmal die Effizienz der CBZ-Behandlung bei Entzugssyndromen eingeschätzt werden. Bereits zu Beginn der Befragung hatten sich die antwortenden Ärztinnen und Ärzte hierzu geäußert. Auf diesem Wege sollte die interne Konsistenz der gegebenen Antworten überprüft werden. Tabelle VIII zeigt eine sehr hohe Übereinstimmung beider Antworten. Somit ist

Tabelle VIII. Beurteilung der CBZ-Wirksamkeit bei Entzugssyndromen (nur Ärzte mit CBZ-Erfahrung) und Vergleich der Beurteilungen mit den Antworten der Gesamtstichprobe (Frage 4 des Fragebogens; n = 41).

	Sehr gut		Gut		Mittelmäßig		Mäßig		Schlecht	
	n	%	n	%	n	%	n	%	n	%
Gesamt n = 36	11	30,56	16	44,44	6	16,67	2	5,56	1	2,78
West n = 23	5	21,74	10	43,48	5	21,74	2	8,70	1	4,35
Ost n = 13	6	46,15	6	46,15	1	7,69	0	0,00	0	0,00
Gesamt Frage 4	10	24,39	18	43,90	9	21,95	2	4,88	2	4,88

eine hohe interne Zuverlässigkeit der gegebenen Antworten anzunehmen.
75% beurteilen die Wirkung bei Entzugssyndromen mit »sehr gut« und »gut«. Dies gilt auch für den Einsatz bei Benzodiazepin- und Barbituratentzügen sowie für Entzugsbehandlungen bei »harten Drogen«.

Zusammenfassend ist als Resultat dieser Erhebung festzuhalten: Im klinisch-psychiatrischen Gebrauch hat das CBZ als Phasenprophylaktikum und akut wirkendes Psychopharmakon inzwischen eine sehr weite Verbreitung erfahren. Seine Wirkung wird ganz überwiegend positiv beurteilt. Gleichzeitig ist es eine bemerkenswert nebenwirkungsarme Substanz, die nur unbedeutend mit anderen Psychopharmaka interagiert. Einsatzschwerpunkte sind die Akutbehandlung von Entzugssyndromen aller Art und die akute und prophylaktische Behandlung affektiver Störungen bei endogenen Psychosen. Hier wird CBZ bei bipolar-zyklothymen Störungen als den Lithiumsalzen beinahe gleichwertig eingeschätzt. Bei der Behandlung affektiver Störungen im Rahmen schizophrener Psychosen wird seine Wirkung als überlegen beurteilt.

Literatur beim Verfasser.

Kurzdauernde depressive Verstimmungen

Eine Analyse von drei Fällen

von

Hermann-Josef Gertz, F. Reischies

Die diagnostische Einordnung von depressiven Störungen stützt sich neben psychopathologischen Phänomenen auch auf deren Dauer. Das DSM III fordert für die Diagnose einer »typischen depressiven Episode« neben der Erfüllung psychopathologischer Kriterien eine Mindestdauer von 14 Tagen (4). Die Diagnose Dysthymie kann erst nach einer Dauer der Symptome von zwei Jahren gestellt werden. *Angst* et al. (1990) haben angemerkt, daß ein nennenswerter Anteil depressiver Störungen anhand dieser Klassifikationsrichtlinien nicht eingeordnet werden kann (3). Wir berichten über drei Patienten, die über lange Zeit schwere Stimmungseinbrüche hatten, die nicht länger als eine halbe bis eine Stunde anhielten und die mit besonderen diagnostischen, prognostischen und therapeutischen Problemen verbunden waren. Bei allen Patienten waren dem mehrmonatige »typische depressive Episoden« entsprechend DSM III vorausgegangen.

Fall 1, Patientin S.O.

Tante und Großvater der Patientin waren alkoholabhängig. Der Vater wurde als stets deprimiert geschildert. Die Patientin studierte Medizin in einem höheren Semester.

20jährig war es erstmals im Anschluß an die Trennung von den Eltern zu einer dreimonatigen depressiven Phase gekommen. Vier Jahre später kam es nach der Trennung von einem Freund zu einer depressiven Episode, die sechs Monate anhielt. Ein Jahr später, als die Patientin 25 Jahre alt war, kam es erneut zu einer depressiven Erkrankung. Die Patientin begann eine analytische Psychotherapie und stellte sich wenig später in der Notaufnahme der Psychiatrischen Klinik der Freien Universität vor. Die Patientin war stark verlangsamt, gehemmt und sprach nur stockend. Es bestanden schwere Einschlafstörungen; der mimische Ausdruck wirkte erstarrt. Die Patientin lehnte eine stationäre Behandlung ab. Ambulant wurde ein Therapieversuch mit Ludiomil begonnen, der zu einer raschen Besserung führte.

Seit der zweiten Phase war es im Intervall regelmäßig zu plötzlich sich einstellenden Stimmungseinbrüchen gekommen, bei denen die Patientin ein Gefühl von »bodenloser Sinnlosigkeit« verspürte, verbunden mit Suizidgedanken. Die Stimmungseinbrüche waren begleitet von Angst, wieder in eine längerfristige Depression zu geraten. Tatsächlich betrug die Dauer der Stimmungseinbrüche nur eine Stunde und weniger. Die kurzen depressiven Verstimmungen traten unvermittelt, ohne erkennbaren Anlaß und ohne tageszeitliche Bindung auf.

Fall 2, Patient P.J.

Die Mutter des Patienten soll zeitweilig depressiv gewesen sein, ohne daß sie sich um eine Behandlung bemühte. Der Patient studierte mit recht gutem Erfolg Elektrotechnik.

21jährig stellte er sich in der Poliklinik der Psychiatrischen Klinik der Freien Universität vor. Nach der Trennung von seiner Freundin war es zum Auftreten von drängenden Suizidgedanken und -plänen gekommen. Der Patient weinte, fühlte sich gespannt-unruhig, gleichzeitig jedoch erschöpft und selbstunsicher-gehemmt. Die Symptomatik hielt über mehrere Wochen an und konnte schließlich mit 150 mg Maprotilin/die gebessert werden. Trotz weitgehender Remission des Gesamtbildes blieben kurze, sehr schwere Stimmungseinbrüche mit lebhaften Suizidgedanken, die sich über Monate ohne erkennbaren Anlaß wiederholten.

Fall 3, Patient A.B.

Der Patient wurde unehelich geboren. Die Mutter war Zeit ihres Lebens nicht psychiatrisch erkrankt. Vater sowie Großeltern mütterlicher- und väterlicherseits sind dem Patienten nicht bekannt, so daß über mögliche psychiatrische Erkrankungen in der Familie keine Informationen vorliegen.

1982, im Alter von 59 Jahren, begann der Patient unter innerer Unruhe und Schlafstörungen zu leiden, die von Früherwachen begleitet waren. Wenig später stellte sich allgemeine Lustlosigkeit und Interessenverlust ein. Es kam zu plötzlichem Weinen, insbesondere vormittags. Im ganzen war seine Stimmung, verstärkt in den Morgenstunden, niedergeschlagen. Unter diesen Krankheitserscheinungen wurde der Patient stationär psychiatrisch behandelt. Unter der Behandlung mit 150 mg Clomipramin klangen die Beschwerden nach einer Gesamtdauer von etwa drei Monaten ab. Es wurde die Diagnose einer endogenen Depression (ICD 9:296.1) (6) gestellt. Dauer und Symptomatik der Erkrankung erfüllten auch die DSM-III-Kriterien einer »typischen depressiven Episode«.

Unter der Clomipraminmedikation blieb der Patient auch nach Entlassung für einige Monate beschwerdefrei. Noch während der Clomipramingabe, die wenig später abgesetzt wurde, stellten sich dann aus vollem Wohlbefinden plötzlich über ihn hereinbrechende Depressionszustände ein, die jeweils mit einem Unruhegefühl in der Magengegend begannen. Der Patient bemerkte eine tiefe Traurigkeit, verbunden mit heftigem Weinen. Es traten sehr konkrete Suizidgedanken auf. So berichtete er z.B., daß er während der depressiven Zustände sich von zufällig offenstehenden Fenstern förmlich angezogen fühle und einen starken Impuls empfinde hinauszuspringen. Die Zustände dauerten eine halbe bis eine Stunde, anschließend fühle er sich erschöpft. Die kurzen Depressionen kamen im Abstand von ein bis drei Wochen regelmäßig vormittags vor. Sie traten ohne Bezug zu bestimmten Situationen oder Umgebungen auf. In den symptomfreien Zeiträumen empfand der Patient seine Stimmung als ausgeglichen und normal. Depressive Gedanken oder Suizidalität waren dann nicht explorierbar. Behandlungsversuche mit verschiedenen Antidepressiva, wie Amitriptylin und Maprotilin blieben ohne Erfolg. Sieben Jahre nach Beginn der Erkrankung konnte der Patient auf Carbamazepin, 600 mg/die, eingestellt werden, worunter er seit etwa zehn Monaten symptomfrei blieb.

Eine 1989 durchgeführte Computertomographie zeigte ein normal weites Ventrikelsystem. Es fanden sich keine Hinweise auf Läsionen des Hirnparenchyms. Ein kranielles MRT ergab im selben Jahr einen Normalbefund. Ein ebenfalls 1989 durchgeführtes SPECT ergab ein regelrechtes zerebrales Perfusionsmuster. Im EEG fand sich ein unregelmäßiger Alpha-Rhythmus ohne Hinweise auf Krampfpotentiale. Auch ein Schlafentzugs-EEG erbrachte keine weitergehenden pathologischen Befunde.

Diskussion

Am Beginn der Erkrankung der Patienten stand eine mehrwöchige depressive Erkrankung, die die Kriterien einer endogenen Depression, bzw. einer »typischen depressiven Episode« erfüllte und als solche zweifelsfrei diagnostiziert werden konnte.
Es ist bekannt, daß die Stimmungslage im Ausklingen einer depressiven Phase labil ist. Dabei kann die im Beginn der Remission wieder ausgeglichene Stimmungslage für Stunden ins Depressive umschlagen (9). Es wird angenommen, daß es sich dabei um situativ ausgelöste Schwankungen handelt und die Patienten nachhaltiger als vor Krankheitsbeginn auf betrübliche Ereignisse reagieren (13). Dennoch lassen sich die Beschwerden der hier beschriebenen Patienten nicht ausschließlich im Rahmen einer erhöhten Irritierbarkeit im Ausklingen einer depressiven Phase erklären. Die Patienten sprachen von völlig grundlos und unvorhersehbar hereinbrechenden Depressionen, die nicht situativ ausgelöst waren. Zudem hielten, insbesondere bei Fall 3, die kurzen Stimmungseinbrüche jahrelang nach Remission der initialen Phase an.
Wehr und *Goodwin* (1979) (11) haben darauf hingewiesen, daß die Behandlung von depressiven Phasen mit trizyklischen Antidepressiva zu schnellen Stimmungswechseln führen kann. Jedoch weicht das hier beschriebene Erscheinungsbild von dem des »rapid cycling« in wesentlichen Punkten, wie der Dauer der depressiven Verstimmungen, ab. Auch submanische Nachschwankungen sind bei keinem der Patienten aufgetreten.
Vom zeitlichen Ablauf lassen die kurzdauernden depressiven Störungen an Panikattacken denken, die mit depressiven Syndromen häufig koinzidieren (7). Jedoch kann bei den beschriebenen Patienten von dem bei Panik-

112

attacken zu fordernden Dominieren vegetativer Störungen keine Rede sein. Depressive Syndrome als unmittelbarer Ausdruck von generalisierten oder komplex fokalen Anfällen sind verschiedentlich beschrieben worden (5, 10, 12, 14). Jedoch waren in allen Fällen klinisch weitere Hinweise auf eine Epilepsie vorhanden, in der Regel in Form von anamnestisch bekannten großen Anfällen oder von motorischen Anfallsphänomenen. Bei den hier beschriebenen Patienten bestehen anamnestisch keinerlei Hinweise auf epileptische Phänomene.

Die extreme Kürze der depressiven Störungen macht es unmöglich, wesentliche Symptome, die für die Einordnung als endogene Depression notwendig sind, wie Schlafstörungen, Tagesschwankungen oder Appetitstörungen, zur Bewertung heranzuziehen. Dennoch scheint das psychopathologische Bild des Patienten im Querschnitt dem einer schweren endogenen Depression am ehesten zu entsprechen. Moderne Klassifikationsschemata, wie das DSM III, erlauben eine Einordnung in diesem Sinne jedoch nicht. Formal sind die Kriterien der rezidivierenden kurzen Depression von *Angst* (199) (3) anwendbar. Der Autor fordert, daß vier der acht Symptome, die das DSM III für die »typische depressive Episode« auflistet, vorhanden sind und die Störungen über mindestens ein Jahr rezidivieren. Jedoch hat der Autor in die Studie, aus der sein Diagnosevorschlag hervorging, nur depressive Störungen von mindestens einigen Tagen Dauer aufgenommen (1, 2). Obwohl sich Beziehungen zu »typischen depressiven Episoden« und zur Dysthymie, wie sie *Angst* (1990) (3) beschrieben hat, hier nicht klar nachweisen lassen, könnten die beschriebenen kurzdauernden depressiven Verstimmungen am ehesten im Kontext der endogenen Depression verstanden werden.

Sehr kurz anhaltende depressive Einbrüche sind wahrscheinlich viel häufiger, als von Klinikärzten in der Regel angenommen wird. *Raskind* (1929) fand vor über 60 Jahren unter 633 Patienten mit manisch-depressiven Erkrankungen immerhin 13,9% mit depressiven Verstimmungen, die einige Stunden bis einige Tage anhielten (8). Es handelte sich dabei um Patienten einer ambulanten Nervenarztpraxis. Dieser Befund geriet offenbar in Vergessenheit, jedenfalls ist uns keine Literaturstelle bekannt, die seither auf diese Beobachtung zurückgekommen wäre.

Wegen der handfesten Suizidgedanken der Patienten ist die Frage einer wirksamen Therapie von großer Bedeutung. Die hier dargestellten Fallberichte sind nicht Teil einer systematischen Studie. Die drei Patienten wurden zu unterschiedlichen Zeitpunkten von verschiedenen Ärzten behandelt und erst lange nach Abschluß der Betreuung aufgrund des gemeinsamen Auftretens eben der kurzen depressiven Verstimmungen zusammengefaßt. Daher folgte auch die Therapie keinem einheitlichen Vorgehen. Zwei Fälle wurden antidepressiv behandelt, ohne daß die kurzen depressiven Verstimmungen zuverlässig unterdrückbar gewesen wären. Nur bei einem Patienten wurde unter der Vorstellung einer Rezidivprophylaxe Carbamazepin in einer Dosis von 600 mg verordnet. Bei diesem Patienten kam es zu einer langfristigen und zuverlässigen Unterdrückung der Stimmungseinbrüche. Es wäre wünschenswert, mit dieser Substanz bei einem größeren Kollektiv derartiger Patienten Erfahrungen zu machen.

Literatur

1 Angst J (1984) The Zurich Study II. The continuum from normal to pathological depressive mood swings. Eur Arch Psychiat Neurol Sci 234:21–29
2 Angst J, Dobler-Mikola A (1985) The Zurich Study – A prospective epidemiological study of depressive, neurotic and psychosomatic syndromes. Eur Arch Psychiat Neurol Sci 234:408–416
3 Angst J (1990) Recurrent brief depression. A new concept of depression. Pharmacopsychiat 23:63–66
4 Diagnostisches und Statistisches Manual Psychischer Störungen – DSM III (1984) Beltz, Weinheim Basel
5 Henriksen GF (1973) Status epilepticus partialis with fear as clinical expression. Report of a case and ictal EEG findings. Epilepsia 14:39–46
6 International Classification of Diseases – ICD, 9. Revision (1980) Springer, Berlin Heidelberg New York
7 Katschnig H, Nutzinger DO (1990) Panikattacken und Paniksyndrom – Diagnostik und Therapie. Psychiat Prax 17:2–12
8 Paskind HA (1929) Brief attacks of manic-depressive depression. Arch Neurol Psychiat 22:123–134
9 Peters UH, Glück A (1972) Die Problematik der ausklingenden depressiven Phase. Nervenarzt 43:505–511
10 Scott JS, Masland RL (1953) Occurrence of »continuous symptoms« in epilepsy patients. Neurology (Minn) 3:297–301
11 Wehr TA, Goodwin FK (1979) Rapic cycling in manic-depressives induced by tricyclic antidepressants. Arch Gen Psychiat 36:555–559
12 Weil AA (1955) Depressive reactions associated with temporal lobe – uncinate seizures. J Nerv Ment Dis 121:505–510
13 Weitbrecht HJ (1960) Depressive und manische endogene Psychosen. In: Gruhle HW et al (eds) Psychiatrie der Gegenwart, Bd II. Springer, Berlin Göttingen Heidelberg, pp 73
14 Wells CE (1975) Transient ictal psychosis. Arch Gen Psychiat 32:1201–1203

Autorenverzeichnis

Prof. Dr. med. Hans Georg Baumgarten
Geschäftsführender Direktor des Instituts für Anatomie der Freien
Universität Berlin
Königin-Luise-Straße 15
D–14195 Berlin

Dr. med. Steffen Haas
Ärztlicher Direktor des Psychiatrischen Krankenhauses Eichberg
Klosterstraße 4
D–65345 Eltville/Rhein

Prof. Dr. med. Ehrig Lange
Obermedizinalrat
Klinik und Poliklinik für Psychiatrie und Neurologie der Medizinischen
Akademie »Carl Gustav Carus«
Fetscherstraße 74
D–01307 Dresden

Priv.-Doz. Dr. med. Hermann-Josef Gertz
Psychiatrische Klinik der Freien Universität Berlin
Abteilung für Gerontopsychiatrie
Eschenallee 3
D–14050 Berlin

Prof. Dr. med. Roland Kuhn
Spezialarzt FMH für Psychiatrie und Psychotherapie
Rebhaldenstraße 5
CH–8596 Scherzingen

Dr. med. Dipl.-Psych. Günter Lurz
Leitender Arzt der Psychiatrischen Klinik I des NLKH Lüneburg
Hollenmoor 12
D–21406 Melbeck

Prof. Dr. med. Wielant Machleidt
Klinik und Poliklinik für Neurologie und Psychiatrie der Universität zu Köln
Joseph-Stelzmann-Straße 9
D–50931 Köln

Priv.-Doz. Dr. med. Friedrich Strian
Max-Planck-Institut für Psychiatrie
Kraepelinstraße 10
D–80804 München

Priv.-Doz. Dr. med. Jörg Walden
Psychiatrische Klinik der Universität Freiburg
Hauptstraße 5
D–79104 Freiburg

Prof. Dr. med. Peter Wolf
Ärztlicher Direktor des Epilepsie-Zentrums Bethel
Klinik Mara
Maraweg 21
D–33617 Bielefeld